AF474564

CHARLES-QUINT

ET

MARGUERITE D'AUTRICHE.

CHARLES-QUINT

ET

MARGUERITE D'AUTRICHE.

ÉTUDE

SUR LA MINORITÉ, L'ÉMANCIPATION ET L'AVÉNEMENT DE CHARLES-QUINT A L'EMPIRE;

(1477-1521)

PAR

M. THÉODORE JUSTE,

Correspondant de l'Académie royale de Belgique, de la Société littéraire de Leyde, etc., etc.

NONDUM.

BRUXELLES ET LEIPZIG,

C. MUQUARDT, éditeur.

1858.

AVANT-PROPOS.

Des travaux importants ont été consacrés récemment aux dernières années de l'empereur Charles-Quint. Dans les deux Mondes, des historiens célèbres, des savants infatigables et des écrivains ingénieux se sont plu à réveiller la mémoire de l'un des plus grands hommes qui aient paru en Europe, depuis la chute de l'empire romain d'Occident. En France, MM. Mignet et Pichot; en Angleterre, M. Stirling; en Amérique, W. Prescott; en Belgique, M. Gachard n'ont rien laissé à révéler ni à découvrir encore sur la vie de Charles-Quint au monastère de Yuste et sur les motifs divers qui avaient déterminé le descendant des empereurs et des rois à finir ses jours dans cette paisible retraite, après avoir abdiqué la puissance suprême.

Je n'ai donc point la prétention de suivre à mon tour Charles-Quint dans le couvent hiéronymite, où son génie dominateur, en continuant à se manifester, le fit paraître tout aussi grand que sur le trône. Je n'essayerai pas de peindre ici le glorieux adversaire de François Ier et de Soliman II, le conquérant de Tunis, le vainqueur d'Ingolstadt et de Muhlberg. C'est Charles d'Autriche, orphelin et menacé, que je me propose de montrer au milieu des personnages illustres qui veillèrent sur son enfance et qui lui procurèrent, avec la couronne impériale, la possession des Pays-Bas, des Espagnes et des royaumes d'Italie.

Maximilien Ier et le cardinal Ximenès, si dévoués à l'enfant royal, exercèrent une grande et incontestable influence sur ses destinées. Mais l'amour paternel de l'aïeul et l'admirable fidélité du régent de Castille sont encore éclipsés par la sollicitude active, incessante, vraiment maternelle dont Marguerite d'Autriche entoura le descendant de la maison de Bourgogne, l'héritier de tant d'États, le faible adolescent qu'elle aimait, disait-elle, comme s'il avait été son fils. Aussi, dans un tableau consacré principalement à la minorité de Charles-Quint, est-il impossible de séparer l'enfant royal de sa tutrice. C'est sous les yeux de Marguerite que Charles grandit; c'est cette femme supérieure qui gouverne les États patrimoniaux du jeune prince; c'est elle qui le supplée, et avec succès, dans les transactions européennes qui précédèrent et suivirent la ligue de Cambrai. C'est elle encore qui, par sa haute prévoyance et sa merveilleuse dextérité, assure, peut-être, à Charles-Quint la dignité impériale, que lui disputait avec acharnement François Ier, et à laquelle était alors attachée la suprématie sur l'Europe.

Je n'aurais pas entrepris cette étude laborieuse si je n'avais eu à ma disposition que les matériaux insuffisants (il faut bien le reconnaître aujourd'hui) dont se sont servis tour à tour Dubos, dans l'*Histoire de la ligue de Cambrai*, Gaillard, dans l'*Histoire de François Ier*, et Robertson, dans l'*Histoire de Charles-Quint*. Mais bien que notre point de vue soit tout autre que celui de ces historiens et que nous ayons pu mettre en œuvre un grand nombre de documents qui leur étaient inconnus, il est bien loin de notre pensée de vouloir déprécier leurs travaux. Malgré ses imperfections et ses lacunes, l'ouvrage de Robertson surtout sera toujours considéré comme un monument de l'esprit humain. Il faut bien avouer, cependant, que les archives de divers pays recélaient encore quantité de pièces historiques dont les écrivains du XVIIIme siècle n'ont pu faire usage. Leurs principales sources d'information étaient les mémoires des du Bellay et ceux du maréchal de Fleuranges, ainsi que les lettres de Louis XII et du cardinal d'Amboise, publiées par Godefroy. Aujourd'hui, on ne possède pas seulement les pièces émanées des chancelleries françaises : les princes et les ministres de la maison d'Autriche-Bourgogne ont aussi révélé leurs vues politiques et divulgué leurs secrets d'État. Maximilien Ier, Philippe le Beau, Charles-Quint, Marguerite d'Autriche et leurs principaux agents peuvent à leur tour éclairer la postérité et, en ne lui cachant rien, la rendre juge équitable des contestations et des luttes qui marquèrent le commencement du XVIme siècle.

Les documents maintenant publiés sur cette époque sont remarquables à la fois et par leur importance et par leur nombre. M. Le Glay a tiré des archives de Lille, outre un recueil de lettres de Maximilien Ier et de Marguerite d'Autriche, une riche collection de pièces diplomatiques concernant les trente premières années du XVIme siècle. Avant lui, M. Mone, de Carlsruhe, et M. Gachard, le savant archiviste général du royaume de Belgique, avaient déjà fait connaître, par des extraits ou des analyses, les pièces les plus essentielles que les célèbres archives du département du Nord pouvaient fournir sur l'élection de Charles-Quint, comme roi des Romains. Indépendamment de son excellent rapport sur les archives de Lille, M. Gachard a publié une série de lettres de l'empereur Maximilien Ier, tirées principalement des divers dépôts de la Belgique, et il a enrichi le *Bulletin de la Commission royale d'histoire* d'un grand nombre d'autres pièces qui sont relatives à l'époque dont il est question ici. On verra que nous avons eu recours à tous ces documents d'une incontestable valeur historique. De même, nous avons aussi puisé abondamment dans la correspondance de Marguerite d'Autriche avec ses amis, sur les affaires des Pays-Bas, publiée à Leyde, en 1845, par M. L.-Ph.-C. Van den Bergh. Cette correspondance, également tirée des archives de Lille, jette surtout un jour plus vif sur la guerre de Gueldre, épisode important et qui tient une grande place dans les premières années du règne de Charles d'Autriche, comme souverain des Pays-Bas. Répandre des notions plus complètes et plus exactes sur l'histoire de ces provinces, de 1506 à 1528 : tel était d'ailleurs le but louable que le savant Hollandais se proposait dans ses recherches. Et c'est avec raison qu'il disait, à cet égard, qu'aucune époque de l'histoire des anciens Pays-Bas n'avait été traitée avec plus de négligence que le siècle, si remarquable d'ailleurs, qui précéda la guerre contre l'Espagne.

L'énumération que nous venons de faire serait incomplète si nous ne signalions encore les dernières publications du Dr Lanz, car elles ont, quant au sujet qui nous occupe ici, une grande importance. M. Lanz semble vouloir consacrer sa vie laborieuse à préparer les éléments d'une nouvelle et véridique histoire de l'empereur Charles-Quint. Il ne s'est pas contenté de publier en trois volumes la correspondance de l'Empereur, d'après les documents conservés aux archives de Belgique et les manuscrits de l'ancienne Bibliothèque de Bourgogne; il ne lui a pas encore suffi d'ajouter à cette collection déjà si vaste un volume complémentaire de papiers d'État. Le savant paléographe a entrepris en outre, sous les auspices de l'Académie impériale des sciences de Vienne, la publication des monuments de la maison de Habsbourg (*Monumenta Habsburgica*). Or, le premier volume de cette nouvelle collection est également consacré à Charles-Quint. Il comprend, pour les années 1515 à 1521, une intéressante série d'actes et de lettres, la plupart exhumés pour la première fois, et tirés des archives de la maison impériale, de la cour et de l'État à Vienne. Ce volume, publié en 1853, a été complété en 1857, après que l'auteur eut également compulsé les archives de Venise, par une introduction historique qui embrasse, d'une manière générale, les destinées de la maison de Habsbourg depuis 1473, et retrace ses vicissitudes et son élévation progressive au milieu des grandes luttes auxquelles elle fut mêlée.

Ce n'est point tout à fait le plan que nous avons adopté et suivi, avant de connaitre la savante synthèse de M. Lanz. Le but de notre étude était d'ailleurs différent.

Les destinées politiques des anciens Pays-Bas, surtout depuis la mort funeste de Charles le Hardi, ont été notre préoccupation dominante. Les Pays-Bas tiennent dans notre tableau la place la plus apparente et forment comme le centre du mouvement européen. Tel était d'ailleurs le rôle véritable de nos provinces à cette époque si importante de l'histoire moderne. C'est en Belgique que grandit, sous l'œil vigilant de Marguerite, l'héritier des maisons de Bourgogne, d'Autriche, de Castille et d'Aragon; c'est la tutrice de cet enfant-roi qui forme comme le trait d'union entre l'empereur Maximilien et Ferdinand le Catholique. A la cour de Malines viennent aboutir les correspondances les plus importantes de Maximilien, de Ferdinand, de Louis XII et de Henri VII. Et non-seulement Marguerite surveille la politique générale, mais fréquemment aussi elle la conduit et lui donne l'impulsion. La ligue de Cambrai, la sainte Ligue, l'élection de Charles à l'Empire : ces événements, qui eurent tant d'influence sur le système politique de l'Europe, furent ou préparés ou dirigés par la célèbre gouvernante des Pays-Bas.

Ça été longtemps comme une tradition de vanter outre mesure Louis XII et François Ier et de rabaisser, de railler même les princes d'Autriche, leurs contemporains. La publication des documents restés inédits pendant plus de trois siècles permet de rectifier bien des erreurs, de combler de grandes lacunes et de dispenser la justice historique d'une main plus impartiale. Il y a, ce semble, beaucoup à rabattre aujourd'hui de la bonne foi de Louis XII et du caractère chevaleresque de François Ier. D'un autre côté, Maximilien, Philippe le Beau, Charles-Quint et surtout Marguerite d'Autriche regagnent dans l'opinion, lorsqu'on prend la peine d'étudier consciencieusement et complétement leurs actes. Maximilien lui-même, malgré ses lettres bizarres (véritable amalgame de français, d'allemand et de latin), malgré l'inconsistance de son caractère et la mobilité de ses projets, Maximilien aussi prend un aspect plus sérieux. On s'aperçoit qu'il a un but et que, malgré son inconstance apparente, il le poursuit avec une singulière ténacité. Il veut non-seulement la grandeur de la maison d'Autriche, la première du monde, selon lui, mais il veut en outre que cette grandeur ait pour base la possession de tous les États patrimoniaux que les descendants de Rodolphe de Habsbourg ont hérités de la maison de Bourgogne et dont les provinces belges forment la plus belle part.

De là cette haine, quelquefois dissimulée, mais toujours subsistante entre les successeurs de Louis XI et les descendants de Marie de Bourgogne. L'Empire même, si ardemment convoité par Charles d'Autriche et François de Valois, était considéré par le premier comme une sauvegarde pour les Pays-Bas, tandis que le second voulait en faire un instrument de conquête. Les partisans de l'Autriche, dans la diète électorale de Francfort, alléguaient, comme un motif d'exclusion, contre François Ier, que ce prince se servirait de la dignité impériale pour dépouiller Charles de son patrimoine et réunir les Pays-Bas à la France.

D'autres enseignements, non moins graves, ressortent d'une étude impartiale de cette époque si caractéristique. Le lecteur les recueillera, sans qu'il soit nécessaire de nous appesantir sur tous les événements qui se sont succédé depuis l'avénement de Philippe le Beau, petit-fils de Charles le Téméraire, dernier duc de Bourgogne, et père de l'empereur Charles-Quint.

La période qui fait l'objet de ce mémoire se montre, sous plusieurs rapports, comme une époque de transition. Un travail intérieur s'accomplit dans la plupart des États européens en même temps qu'ils luttent ou pour la prépondérance ou pour leur conservation même. Or, les époques de transition sont les plus difficiles à peindre : car une certaine confusion est un de leurs traits distinctifs.

Je ne me suis pas dissimulé ces difficultés, et j'ai essayé de les surmonter. Il ne m'appartient point de dire si j'ai réussi; je dois, au contraire, réclamer l'indulgence de l'Académie, qui me tiendra compte, je l'espère, de mes efforts dirigés avec persévérance vers un but national.

Bruxelles, 25 octobre 1857.

CHARLES-QUINT

ET

MARGUERITE D'AUTRICHE.

CHAPITRE Ier.

MAXIMILIEN Ier ET PHILIPPE LE BEAU.

Rivalité des ducs de Bourgogne et des rois de France. — Louis XI. — Mariage de Marie de Bourgogne et de Maximilien d'Autriche. — Traité d'Arras du 23 décembre 1482. — Charles VIII renvoie Marguerite d'Autriche pour épouser Anne de Bretagne. — Traité de Senlis. — Alliances matrimoniales entre les maisons d'Espagne et d'Autriche. — Portrait de Maximilien Ier. — Rapports de Philippe le Beau avec Louis XII. — Traité de Paris du 2 août 1498. — Hommage pour la Flandre et l'Artois. — Naissance de l'archiduc Charles; il est fiancé à Claude de France, fille de Louis XII. — Philippe le Beau et Jeanne de Castille traversent la France pour se rendre en Espagne. — Entrevue avec Louis XII au château de Blois. — Philippe et Jeanne sont reconnus comme héritiers des couronnes de Castille et d'Aragon. — Philippe retourne dans les Pays-Bas. — Nouvelle entrevue avec Louis XII. — Traité de Lyon du 5 avril 1503. — Ferdinand d'Aragon refuse d'y adhérer. — Avantages concédés par Louis XII à l'archiduc Charles. — Mort d'Isabelle la Catholique; par son testament, elle avait exclu Philippe de la régence de Castille. — Philippe revendique solennellement ses droits. — Maximilien accorde à Louis XII, moyennant certaines conditions, l'investiture du duché de Milan. — Les relations de Philippe avec Louis XII se refroidissent. — Incidents relatifs à la suzeraineté de l'Artois et de la Flandre. — Mésintelligence entre Philippe et Jeanne. — Ferdinand d'Aragon épouse Germaine de Foix, et Louis XII exprime la volonté que sa fille, Claude de France, soit unie à François d'Angoulême. — Convention de Salamanque, relative à la régence de Castille. — Philippe s'embarque pour l'Espagne; il est jeté par une tempête sur les côtes d'Angleterre. — Accueil fastueux que lui fait Henri VII; trois traités importants sont négociés. — Philippe débarque en Espagne et parvient à s'emparer de la régence de Castille. — Démence de la reine. — François d'Angoulême et Claude de France sont fiancés. — Louis XII assiste déloyalement le duc de Gueldre, ennemi de la maison d'Autriche. — Protestation menaçante de Philippe le Beau. — But du roi de France. — Philippe meurt à Burgos le 25 septembre 1506. — Sentiments manifestés à cette occasion par Louis XII et Henri VII.

1477-1482. La France monarchique commençait à se constituer par le retour à la couronne de la plupart des grands fiefs de cet État, lorsque le roi Jean créa une nouvelle série d'apanages en faveur de ses fils. Philippe le Hardi obtint la Bourgogne auquel il ajouta bientôt, par son mariage avec Marguerite de Male, l'opulent comté de Flandre. C'était une puissance rivale qui se formait à côté de la France; les circonstances la servirent, car on vit les successeurs de Philippe le Hardi étendre peu à peu leur domination sur presque tous les Pays-Bas.

Devenus souverains de ces contrées, les ducs de Bourgogne ne se rappelèrent leur origine que pour profiter de la démence de Charles VI, écraser le parti d'Orléans et chercher à faire prévaloir leur autorité depuis la Seine jusqu'au Zuyderzée. La restauration de Charles VII renversa ce projet, mais ne détruisit point les causes de l'antagonisme qui existait entre les deux branches de la maison de Valois. Les descendants de Philippe le Hardi continuèrent à se considérer plutôt comme les rivaux que comme les vassaux des rois de France. Cette rivalité naturelle (on l'a dit avant nous) était encore envenimée par les tristes souvenirs du meurtre de Louis d'Orléans, de l'assassinat de Jean sans Peur, de l'alliance de Philippe le Bon avec les Anglais et de l'asile procuré au fils rebelle de Charles VII.

Un moment, on put croire que Charles le Téméraire, en créant le royaume de la *Gaule-Belgique*, aurait fixé l'équilibre de l'Europe et prévenu toute prépondérance dangereuse pour la liberté générale. Malheureusement l'habileté astucieuse de Louis XI triompha de l'ambition désordonnée de cet infortuné prince, qui, après avoir succombé dans sa lutte téméraire contre les Suisses, vint périr misérablement sous les murs de Nancy. Une princesse de dix-huit ans est appelée sur le trône d'où Charles le Hardi faisait naguère trembler les États voisins. Peut-être un mariage entre la duchesse Marie, fille unique de Charles, et le Dauphin, fils de Louis XI, aurait-il pu amener la réunion irrévocable des provinces belges et bourguignonnes à la France. Mais soit qu'il n'écoutât que son ardente inimitié contre la maison de Bourgogne, soit qu'il se crût impuissant à détruire la vigoureuse nationalité de la Flandre, Louis XI ne donna pas suite à son premier projet et aima mieux démembrer par la force les États de son ancien rival. Il réunit donc à la couronne le duché de Bourgogne, sous prétexte que c'était un fief masculin. La petite-fille de Philippe le Bon conserva ses autres domaines, les provinces belges proprement dites, ainsi que la Franche-Comté, et renouvela sa race en épousant l'archiduc Maximilien, fils de l'empereur Frédéric III. Cette alliance mémorable des maisons d'Autriche et de Bourgogne prépara les nouvelles destinées de l'Europe. Louis XI, qui avait cherché à dissoudre entièrement l'union des États de Bourgogne et des Pays-Bas, ne put atteindre le but final de ses longs efforts et de sa politique déloyale. La maison de Bourgogne se releva et parvint à une plus haute fortune.

Cependant, Louis XI ne renonçait pas encore à ses fatales espérances. Quelle ne fut point sa satisfaction, lorsque, après la mort prématurée de la duchesse Marie (27 mars 1482), il vit l'attitude des états de Flandre! Ceux-ci, mécontents de Maximilien, s'emparent de la tutelle de ses deux enfants, Philippe, né à Bruges, le 22 juillet 1478, et Marguerite, qui avait vu le jour à Bruxelles, le 10 janvier 1480. Un traité, conclu à Arras, le 23 décembre 1482, vient bientôt cimenter l'alliance des jalouses communes 1482-1493.
et de l'implacable adversaire de la maison de Bourgogne. Marguerite fut promise, sans l'assentiment de son père, au dauphin de France, et on stipula qu'elle lui apporterait en dot les comtés

d'Artois et de Bourgogne, ainsi que les seigneuries d'Auxerre, de Mâcon, de Salins, de Bar-sur-Seine et de Noyers, déjà au pouvoir de Louis XI. Ce vieil ennemi s'attribuait, en outre, un droit de souveraineté sur la Flandre, en exigeant formellement l'hommage du jeune duc Philippe (1).

Maximilien ne cessa de lutter pour recouvrer la tutelle de son fils et la *mambournie* du pays ; il fut rétabli dans ses droits en 1485, mais deux ans ne s'étaient pas écoulés qu'il se voyait de nouveau vaincu par les communes. En 1487, les corporations de Bruges, sans respect pour la dignité de *roi des Romains* dont il était revêtu, le retinrent captif pendant trois mois. Lorsqu'il eut, enfin, triomphé de l'opposition communale, une nouvelle humiliation lui fut infligée par le successeur de Louis XI. En vertu du traité d'Arras, Marguerite d'Autriche avait été envoyée à Paris pour y être élevée, et, pendant le séjour qu'elle y fit, elle porta même le titre de reine de France. Elle était, après son frère, héritière de toutes les possessions de la maison de Bourgogne. Mais Charles VIII préféra, à l'espoir incertain d'acquérir ces vastes domaines, la possession immédiate du duché de Bretagne. Il rompit le traité d'Arras, renvoya Marguerite et épousa, le 6 décembre 1491, Anne de Bretagne, qui était déjà fiancée à Maximilien lui-même. Le traité de Senlis, conclu le 23 mai 1493, enleva définitivement à Maximilien le vain titre de duc de Bretagne, mais restitua à son fils les *comtés* de Bourgogne et d'Artois, avec la réserve que les villes de Hesdin, d'Aire et de Béthune seraient occupées par les Français jusqu'à ce que l'archiduc Philippe, devenu majeur, rendît hommage au roi pour le comté de Flandre. Il importe cependant de remarquer que les partisans de la maison de Bourgogne réservèrent implicitement les droits de celle-ci sur le territoire confisqué par Louis XI et retenu par Charles VIII (2).

(1) Voir *Hist. de Flandre,* par M. Kervyn de Lettenhove (1re édit.), t. V, p. 333.

(2) Olivier de la Marche, grand-maître d'hôtel de Philippe le Beau, héritier des domaines de la maison de Bourgogne, s'exprimait en ces termes : « Combien que » le roi de France, par puissance et par hauteur, ait pris et mis en sa main plusieurs » d'icelles seigneuries, toutefois c'est à tort et sans cause : et Dieu, qui l'a permis, » quand il luy plaira, *il les rendra à celuy qui y a le droit...* » (*Mém.*, liv. II.)

Trois ans après que Maximilien eut succédé à son père sur le trône impérial, don Juan, héritier des couronnes d'Aragon et de Castille, épousa Marguerite d'Autriche, tandis que Philippe le Beau devenait l'époux de l'infante doña Juana. Cette alliance, qui était destinée à servir de contre-poids aux ambitieux desseins de Charles VIII sur l'Italie, devint la source de la prépondérance que la maison d'Autriche exerça, pendant un siècle et demi, sur l'Europe (1). Une escadre composée de 112 vaisseaux conduisit doña Juana en Zélande. Le 19 septembre 1497, pendant la soirée, elle fit son entrée dans la ville d'Anvers. La fille des rois catholiques, vêtue de drap d'or et la tête découverte, chevauchait sur une mule à la mode d'Espagne; elle était accompagnée de seize nobles dames et d'une matrone également montées sur des mules; venaient ensuite les pages, les ambassadeurs, les clairons. Ce n'était pas tant la pompe que la singularité de ce cortége qui frappait le peuple : le nord et le midi de l'Europe se rapprochaient avec étonnement (2). 1497.

Nonobstant l'émancipation de Philippe le Beau, Maximilien, comme père et comme Empereur élu, restait le chef de la maison d'Autriche-Bourgogne. Aussi est-il nécessaire de bien connaître le souverain qui exerça tant d'influence sur les événements de cette

(1) Prescott a très-bien indiqué les causes déterminantes des alliances matrimoniales conclues entre les maisons d'Espagne et d'Autriche : « .... *The ambitions Schemes of Charles the Eighth established a community of interests among the great European States, such as had never before existed, or, at least, been understood; and the intimate relations thus introduced naturally led to intermarriages between the principal powers, who, until this period, seem to have been Severed almost as far asunder as if Oceans had rolled between them... It was while Charles the Eighth was wasting his time a Naples, that the marriages were arranged between the royal houses of Spain and Austria, by which the weight of these great powers was thrown into the same scale, and the balance of Europe unsettled for the greater part of the following century....* » (*History of the reign of Ferdinand and Isabella, the Catholic, of Spain,* Part. II, chap. IV.)

(2) Voir *Chroniques* de Jean Molinet, chap. 288. Les Espagnols, d'après cet annaliste, ne purent supporter l'hiver de nos contrées; et trois à quatre mille succombèrent dans nos provinces.

époque. Fils de l'empereur Frédéric III et de Léonore de Portugal, Maximilien avait vu le jour en Carinthie, le 22 mars 1459. D'une stature moyenne et d'un tempérament fort et robuste, il réunissait en lui le caractère des deux races dont il était issu, l'ardeur du méridional tempérée par le flegme de l'allemand. Son visage offrait un mélange de dignité et de bonhomie. Grand chasseur, grand amateur de tournois, il n'aimait pas moins les jouissances plus tranquilles que procure le culte des arts et des lettres : ne déposant l'épée que pour prendre la plume et composer des ouvrages, il parlait avec facilité, avec éloquence même, l'allemand, le latin, l'italien et le français. Les efforts de sa politique tendirent constamment à réaliser la fière devise de son père : *Austriæ Est Imperare Orbi Universo* (1). De là sa lutte persévérante contre la France, ses projets sur l'Italie, ses alliances avec l'Espagne, et plus tard avec la Bohême et la Hongrie. Il avait de grands desseins; mais la sagesse et la fermeté lui faisaient défaut. Machiavel, qui avait vu de près Maximilien, disait de lui : « Si l'Empereur avait les » talents du roi d'Espagne (Ferdinand d'Aragon), il serait bientôt » en état de concevoir et de conduire à bien les plus vastes entre- » prises. Malgré toutes ses ressources, l'Empereur n'a jamais le sou » et, qui pis est, on ne saurait dire où passe tout l'argent qu'il » tire de ses domaines. C'est du désordre de ses affaires que nais- » sent les embarras où il se trouve si souvent. Ce prince a plu- » sieurs excellentes qualités : il est bon général, il fait régner la » justice dans ses États, il est d'un abord facile et agréable; en » un mot, il ne lui manquerait, pour être un excellent prince,

(1) Maximilien enseignait à Philippe le Beau, son fils, que la maison d'Autriche « est la première noble et ancienne maison, selon l'ancienneté, de toutes » les maisons et royaumes du monde. » Il disait aussi que « l'archiduché d'Au- » triche a été le premier royaume privilégié par Julius César et ses successeurs, » lorsqu'ils avoient en subjection et gouvernoient tout le monde. » Aussi verrait-il à regret, ajoutait-il, que, pour complaire au roi et à la reine d'Espagne, son fils fût obligé de *postposer* le titre d'archiduc à celui de prince. Voir le *Mémoire* donné par l'empereur Maximilien à Guillaume Pingon, son valet de chambre, envoyé vers l'archiduc son fils. (*Collection de documents historiques*, aux Archives du royaume, t. Ier.)

» que d'être plus économe et d'avoir plus de fermeté dans le carac-
» tère. Il n'existe pas de prince plus dissipateur : c'est ce qui fait
» qu'il est toujours dans le besoin et que, quelle que soit la situa-
» tion où il se trouve, il n'a jamais assez d'argent. Son caractère
» est extrêmement inconstant : aujourd'hui il veut une chose et ne
» la veut pas le lendemain. Il refuse de prendre les avis de per-
» sonne et croit ce que chacun lui dit; il désire ce qu'il ne peut
» avoir et se dégoûte de ce qu'il pourrait obtenir. Il a l'humeur
» extrêmement guerrière; il sait conduire et maintenir une armée
» en ordre et y faire régner la justice et la discipline; il sait sup-
» porter aussi bien que personne les fatigues les plus pénibles :
» plein de courage dans le péril, il n'est inférieur comme capi-
» taine à qui que ce soit de ce temps. Dans ses audiences, il montre
» beaucoup d'affabilité, mais il ne veut les donner que lorsque
» cela lui convient. Il est extrêmement secret. Il vit dans une agita-
» tion continuelle de corps et d'esprit; mais souvent il défait le
» soir ce qu'il a arrêté le matin (1). »

Philippe le Beau ne partageait point les ressentiments invétérés de son père contre la France. Il s'intitulait « le bon voisin, l'humble cousin et l'obéissant vassal (2) » du successeur de Charles VIII, l'adroit et patient Louis XII, petit-fils de Louis d'Orléans, assassiné par les ordres de Jean sans Peur, et de Valentine de Milan. La mort prématurée de don Juan, héritier des couronnes hispaniques, ouvrait alors une nouvelle et vaste perspective à l'archiduc; et il était de son intérêt de prévenir toute occasion de rupture avec la France. Une politique tout à la fois digne et conciliante était aussi dans les vœux des communes industrielles des Pays-Bas (3). Louis XII parut seconder ces dispositions pacifiques. Par

(1) Machiavel, *Fragments*, XIII et XIV.

(2) *Négociations diplomatiques entre la France et l'Autriche durant les trente premières années du XVIe siècle*, publiées par M. Le Glay, dans la *Collection des documents inédits sur l'histoire de France;* voir t. Ier, p. 24.

(3) C'est une remarque qui a été faite par Machiavel. « Les Flamands, dit-il, » ne feront jamais la guerre aux Français que lorsqu'ils y seront forcés. » Il explique pourquoi : « Toutes les fois que le commerce avec la France est inter- » rompu, les Flamands ne trouvent plus de débouché pour leurs marchandises;

1498. le traité conclu à Paris, le 2 août 1498, il renouvela les clauses du traité de Senlis, stipulant la restitution à l'archiduc des *comtés* de Bourgogne, d'Artois et de Charolais; mais, de son côté, Philippe promit « que, pendant sa vie et celle du roi de France, il ne » ferait aucune poursuite pour avoir ou recouvrer le *duché* de » Bourgogne, le comté de Mâconnais, l'Auxerrois et la seigneurie » de Bar-sur-Seine, si ce n'était par humble requête et voie amia- » ble. » Cet engagement reçut l'approbation des états généraux des Pays-Bas; ils résistèrent, de même que l'archiduc, aux instances de Maximilien, qui voulait reconquérir tous les domaines dont Louis XI s'était frauduleusement emparé (1).

1500. Bientôt l'archiduc se rendit à Arras pour prendre possession de l'Artois (juillet 1500). Là se trouva le chancelier de France, Guy de Rochefort, chargé de recevoir en grande pompe l'hommage du prince belge. Tandis que celui-ci tenait son bonnet à la main, le chancelier lui dit : « Monseigneur, vous faites foi et hommage-lige » à moi, représentant la personne du roi, comme vous êtes tenu

» et alors, non-seulement ils manquent de vivres, mais encore ils sont obligés » de garder le produit de leur industrie. » (*Fragments historiques,* X.)

(1) On trouve sur ce sujet des détails intéressants dans le travail consacré, par M. Gachard, aux anciennes assemblées nationales de la Belgique : « L'archiduc fit » remontrer aux états qu'il avait juré la paix récemment conclue avec la France; » mais que le roi des Romains, son père, le sollicitait de ne pas l'observer et de » reconquérir les pays qu'il avait cédés; que, se trouvant dans l'alternative ou » d'enfreindre son serment, ou de désobéir à son père, il demandait l'avis de ses » états. Les députés se retirèrent pour aller en référer à leurs provinces. Dans » l'intervalle, Maximilien écrivit aux principales villes une lettre où il leur disait » qu'il était déterminé à employer son corps et ses biens au recouvrement des » pays de son fils qu'occupait injustement le roi de France, ainsi qu'à la guerre » de Gueldre, et qu'ensuite il irait combattre les infidèles. Les états généraux, » de retour à Bruxelles, au mois de février (1499), délibérèrent sur la communi- » cation qui leur avait été faite; après s'être concertés, ils se transportèrent auprès » de l'archiduc et le requirent d'exécuter le traité, vu que ses peuples n'étaient » point en état de supporter le fardeau de la guerre. Vainement, Maximilien » manda à Anvers l'archiduc et les états et essaya de détourner ceux-ci de sceller » la paix avec la France; il ne put parvenir à les faire changer de résolution. » (*Des anciennes assemblées nationales de la Belgique*, § II, dans la *Revue de Bruxelles*, novembre 1839.)

» de faire par raison de la pairie et comté de Flandre et aussi des » comtés d'Artois et de Charolois, que vous tenez de la couronne » de France. » Il lui prit ensuite les deux mains et le baisa à la joue (1).

Mais déjà avait vu le jour l'enfant qui, plus tard, devait affranchir sa race de cette humiliante cérémonie et abaisser l'orgueil des anciens suzerains de la Flandre. Philippe avait fait de Gand sa résidence favorite. Ce fut dans cette ville, au milieu d'une grande fête à la *Cour du prince*, que Jeanne de Castille et d'Aragon mit au monde, le 24 février 1500, l'enfant qui devait être Charles-Quint. Son père lui donna le titre de duc de Luxembourg, et le nom de *Charles* pour renouveler la mémoire du dernier duc de Bourgogne (2).

Charles avait un an à peine, lorsque Philippe le Beau fit pro- 1501.
poser à Louis XII de le fiancer avec sa fille Claude, qui avait le même âge. Cette proposition fut acceptée et confirmée par un traité conclu à Lyon, au mois d'août 1501. Ce traité stipulait aussi que, si l'un des deux conjoints venait à mourir avant la célébration du mariage, on ferait en sorte de le renouer avec un autre enfant du roi ou de l'archiduc (3). Le 13 octobre, ce projet de mariage fut ratifié à Trente par l'empereur Maximilien; et il promit en même temps de donner l'investiture du duché de Milan à Louis XII, qui, s'appuyant sur les droits de la maison d'Orléans, avait enlevé ce fief impérial à Ludovic Sforza.

(1) Molinet, chap. CCCIII.

(2) « ... Fut ainsy nommé, comme aulcuns disent, en recordance de très» puissant et très-redoubté Charles, duc de Bourgogne. » (Fragment des *Grandes histoires de Hainaut* de Me Jean Lefebvre, publié par M. Gachard dans les *Bulletins de la Commission royale d'histoire*, 1re série, t. V, p. 359.) On y trouve des détails très-curieux sur le baptême de Charles-Quint, qui eut lieu le 7 mars, vers dix heures du soir, dans l'église de St-Jean (aujourd'hui St-Bavon). Plus de dix mille flambeaux éclairaient la *voie* construite pour conduire le cortége du palais à l'église. C'était Marguerite d'York, veuve de Charles le Hardi, qui portait l'enfant; l'autre marraine, Marguerite d'Autriche « princesse de Cas» tille, nouvellement retournée d'Espaigne, en atour de dœul, marchoit sur le » costé dextre. »

(3) *Négociations diplomatiques*, etc., t. Ier, pp. 28-34.

Comme Isabelle de Castille avait témoigné à son gendre le désir de le voir en Espagne, Louis XII fit proposer, avec les plus vives instances, à l'archiduc, de traverser la France (1) et lui offrit de le recevoir, ainsi que l'archiduchesse, dans la résidence royale de Blois. Cette offre rencontra une opposition presque injurieuse dans le conseil du souverain des Pays-Bas. Charles de Croy, prince de Chimay, après avoir rappelé les anciennes divisions des Bourguignons et des Armagnacs, ainsi que les injustices de Louis XI et de Charles VIII, qui n'avaient pas été réparées par leur successeur, désapprouva le projet de traverser la France et conseilla au prince de s'embarquer à Calais. Mais François de Busleyden, archevêque de Besançon et ancien précepteur de l'archiduc, rappela les nobles vertus qui caractérisaient Louis XII et qui le rendaient incapable de trahir la foi jurée (2). L'avis de Busleyden prévalut, et l'offre de Louis XII fut acceptée. Philippe assembla les états généraux des Pays-Bas à Bruxelles et leur fit exposer que « pour un très-grand et souverain bien » il irait par terre en Espagne et amènerait l'archiduchesse; que le peuple devait être sans inquiétude; que, de quinze jours en quinze jours, il recevrait des nouvelles de ses princes. Les états accordèrent un subside considérable pour payer les dépenses de ce voyage, pendant lequel le comte Engelbert de Nassau, nommé lieutenant général et principal gouverneur du pays, devait être assisté du seigneur de Maigny, chancelier, de Jean de Hornes, évêque de Liége, de Cornille de Berghes et du seigneur de Beersel, chevaliers de la Toison d'or (3).

Les archiducs, partis de Bruxelles le 4 novembre 1501, furent courtoisement reçus au château de Blois par Louis XII, et ce monarque tâcha d'intéresser son hôte aux démarches qu'il continuait de faire auprès de Maximilien pour obtenir l'investiture du duché de Milan. Malgré l'intervention loyale de Philippe, les représentants de la France ne purent surmonter les répugnances ni triompher des

(1) Pontus Heuterus, *Rer. Belg.* lib. VI.

(2) Id., *ibid.*, lib. VI, pp. 253-258.

(3) *Chroniques* de Molinet, chap. CCCXV, et Gachard, *Des anciennes assemblées nationales*, etc., § II.

tergiversations de l'Empereur. Sur ces entrefaites, les archiducs étaient entrés en Espagne (février 1502), et leur droit à la couronne avait été reconnu solennellement par les cortès de Castille à Tolède et par celles d'Aragon à Saragosse (1), mais avec cette réserve, quant à la couronne d'Aragon, que le droit de Jeanne et de son époux était subordonné au cas où Ferdinand mourrait sans enfant mâle. De seize ans plus jeune qu'Isabelle, Ferdinand pouvait lui survivre et se remarier. 1502.

Quelles que fussent les instances d'Isabelle, l'archiduc, qui avait d'abord promis de passer l'hiver à Madrid, manifesta bientôt l'intention de retourner dans les Pays-Bas; il prétexta que le climat de l'Espagne était dangereux pour sa santé, et ajouta que, la guerre ayant éclaté entre Ferdinand et Louis XII, au sujet du partage du royaume de Naples, ses États héréditaires avaient besoin de sa présence (2). Il partit effectivement au commencement de janvier
1503, laissant l'archiduchesse près de sa mère, et prit sa route 1503.
par les Pyrénées. Son dessein était de s'aboucher de nouveau avec Louis XII et de servir de médiateur, pour terminer le différend qui avait surgi entre ce prince et Ferdinand d'Aragon. Celui-ci lui avait donné, à cet effet, les pouvoirs nécessaires.

Mais, avant de s'aventurer de nouveau dans le royaume de France, Philippe, d'après le conseil de Ferdinand, demanda des otages à Louis XII. Ce prince accorda sans difficulté trois jeunes seigneurs de sa cour, et ils furent conduits à Valenciennes, tandis que l'archiduc passait la frontière. Le 22 mars, il arrivait à Lyon, et, huit jours plus tard, le roi et la reine vinrent l'y rejoindre. Cette nouvelle entrevue fut aussi amicale que la première. Philippe y régla les affaires du royaume de Naples dans l'intérêt du mariage de son fils avec Claude de France. Celle-ci devait recevoir

(1) Jeanne de Castille et d'Aragon, épouse de Philippe, était devenue héritière présomptive des deux couronnes par suite de la mort de don Juan, son frère, et du décès de sa sœur aînée, l'infante Isabelle, qui avait épousé don Emmanuel, roi de Portugal. Le fils unique, issu de ce mariage, était mort aussi avant d'avoir accompli sa deuxième année.

(2) *Le cardinal Ximenès*, par le docteur Hefelé, traduit par MM. Charles Sainte-Foi et P.-A. De Bermond (Paris, 1856), 1 vol. in-8°, chap. XI.

pour dot le royaume de Naples : on maintenait, toutefois, le traité de partage qui avait suivi la conquête commune de ce royaume, et, quant à la Capitanate restée en litige, elle devait être mise en séquestre entre les mains de l'archiduc. Ce traité, conclu le 5 avril 1503, fut également signé par les ambassadeurs de Ferdinand, qui avaient accompagné l'archiduc, et ils se soumirent même à l'excommunication, dans le cas où il serait violé. Mais tandis que Louis XII, sur la foi du traité, congédiait les auxiliaires qu'il se proposait d'envoyer au duc de Nemours, Ferdinand envoyait de nouvelles troupes et des instructions secrètes à Gonzalve de Cordoue. Le *grand capitaine* méprisa les ordres de l'archiduc, continua le cours de ses succès, et chassa les Français du royaume de Naples. Surpris par cette brusque agression et paralysé par des difficultés intérieures (la France était alors désolée par la disette et une maladie contagieuse), Louis XII jugea prudent de temporiser et de
1504. conclure avec le roi d'Aragon une trêve de trois ans (31 mars 1504), espérant, d'ailleurs, que ce prince finirait par adhérer au traité de Lyon. Mais, le 24 août, Ferdinand et Isabelle firent savoir à Louis XII que, au lieu de laisser le royaume de Naples au duc de Luxembourg, ils étaient disposés à le remettre au roi dépossédé, Frédéric III, sous la condition que le duc de Calabre, son fils, épouserait Jeanne d'Aragon, nièce de Ferdinand (1).

Irrités de ce désaveu, l'archiduc et son père s'unirent plus étroitement avec le roi de France. Le 22 septembre, trois nouveaux traités furent conclus et signés. Le premier stipulait une alliance sincère et indissoluble dans laquelle on admettrait le roi d'Aragon, pourvu que, sous quatre mois, il remît à l'archiduc la garde du royaume de Naples et adhérât au traité de Lyon; il statuait, en outre, que, sous trois mois, Maximilien conférerait au roi de

(1) F. Guicciardin, *Histoire d'Italie*, liv. V, Chap. V; Le Glay, *Négociations diplomatiques*, etc., t. Ier, p. LVII et suivantes. — Frédéric III, qui avait été dépouillé de ses États par les armes de Louis XII et la perfidie de son propre frère (Ferdinand le Catholique), avait reçu, en guise de compensation, le duché d'Anjou avec un revenu de 30,000 ducats. Il mourut, le 9 novembre 1504, à Tours, entre les bras de saint François de Paule, laissant deux fils qu'on fit en sorte de priver de toute postérité.

France, moyennant une somme de 200,000 francs, l'investiture du duché de Milan pour lui et ses descendants mâles, et à défaut de ceux-ci, pour Charles de Luxembourg, époux de Claude de France. Le second traité stipulait que si Louis XII mourait sans hoirs mâles, les duchés de Bourgogne, de Milan, de Gênes et de Bretagne seraient remis au jeune Charles, époux de Claude de France; et que, si par la volonté du roi ou de la reine de France, le mariage venait à manquer, ils céderaient immédiatement à l'archiduc les duchés et comtés de Bourgogne, de Milan et d'Asti. Le troisième traité annonçait la formation d'une ligue contre les Vénitiens. Ces conventions inespérées étaient un triomphe éclatant pour le descendant de Charles le Hardi et de Maximilien d'Autriche; car le jeune duc de Luxembourg n'avait pas seulement l'expectative de rentrer en possession du duché de Bourgogne et d'acquérir la Bretagne, mais encore il pouvait nourrir l'espoir de se substituer à la puissance française en Italie (1).

Sur ces entrefaites, la femme illustre, dont les vertus et les actions héroïques avaient jeté tant d'éclat sur la Castille, venait d'être enlevée à l'affection des Espagnols. Isabelle la Catholique s'était éteinte à Médina del Campo, le 26 novembre 1504, la tren- 1504.
tième année de son règne. Mécontente de Philippe, son gendre, et convaincue que la démence déjà constatée de l'infante la rendrait incapable de gouverner, Isabelle, par le testament qu'elle fit un mois et demi avant sa mort, avait nommé le roi Ferdinand uni-

(1) Le savant éditeur des *Négociations diplomatiques* fait à ce sujet les remarques suivantes : « Au dire de quelques historiens, ces conditions désastreuses » n'auraient été agréées que pour complaire à la reine, qui, trop préoccupée de » son cher duché de Bretagne, ne pouvait supporter la pensée de le voir réuni à la » France. Cette princesse, très-austère dans sa conduite, éprouvait un éloignement invincible pour la comtesse d'Angoulême, dont les mœurs n'étaient pas » irréprochables, et elle voulait à tout prix empêcher le mariage de sa fille Claude » avec François d'Angoulême, héritier présomptif de la couronne. On ajoute » que le cardinal d'Amboise, en signant les traités, s'était bien promis de faire » ensuite protester les états contre toute clause attentatoire à l'intégrité du » royaume : triste subterfuge qui nous réduirait, comme dit Voltaire, à imputer » au bon roi Louis XII ou l'imbécillité ou la fraude. » Le Glay, *Négociations diplomatiques*, etc., t. Ier, p. LXIII.

que régent de Castille, jusqu'à ce que son petit-fils Charles eût atteint l'âge de vingt ans (1). Pour surmonter les embarras qui allaient résulter de l'exclusion prononcée contre lui par Isabelle la Catholique, Philippe le Beau jugea indispensable de conserver ses bonnes relations avec Louis XII. Celui-ci s'empressa d'ailleurs de faire déclarer à l'archiduc que, s'il rencontrait quelque obstacle ou difficulté dans la succession de Castille, il l'assisterait non-seulement d'argent et de gens, mais même de sa personne. Philippe apprenait en même temps qu'une partie de la noblesse castillane protestait contre le testament qui le déshéritait et refusait de reconnaître Ferdinand. Alors il n'hésita plus à prendre le titre dont
1505. le roi d'Aragon prétendait le dépouiller. Le 15 janvier 1505, après que les obsèques d'Isabelle la Catholique eurent été célébrées en grande pompe à Bruxelles, dans l'église de Ste-Gudule, le chef des hérauts, en présence de Philippe et de l'infante, proclama solennellement leur avénement comme roi et reine de Castille, de Léon et de Grenade (2).

Toujours dans le dessein de conserver son alliance avec Louis XII, l'archiduc se rendit lui-même à Haguenau auprès de son père, pour qu'il ne différât plus l'investiture du duché de Milan. Elle fut enfin donnée, le 7 avril, au cardinal d'Amboise, repré-

(1) L'archiduchesse, après avoir donné le jour à Ferdinand d'Autriche (le 10 mars 1503, à Alcala), avait voulu, malgré les instances de sa mère, quitter l'Espagne et rejoindre son mari. Elle s'embarqua enfin le 1er mars 1504. On avait constaté que, depuis le départ de Philippe le Beau, sa mélancolie habituelle s'était accrue et avait dégénéré en accès de démence.

Hefelé démontre, au surplus, que Robertson a eu tort de mettre en doute l'authenticité du testament d'Isabelle. « Elle n'y disait pas un mot de Philippe, » ajoute-t-il, et elle lui avait ôté la régence, parce qu'il n'avait jamais suivi ses » conseils et avait toujours préféré les intérêts de la France à ceux de l'Espagne. »

(2) Cette revendication fut complète. — « Les cérémonies des obsèques accomplies, l'archiduc prit titre nouveau, renouvelant ses armes, et fut nommé par pays, seigneuries, mandements et écritures : « Philippe, par la grâce de Dieu, roy de » Castille, de Léon et de Grenade, archiduc d'Autriche, prince d'Aragon et de » Sicile, etc., duc de Bourgogne et de Lothier, de Brabant, de Styrie, de Carin- » thie, de Carniole, de Limbourg, de Luxembourg et de Gheldres, comte de » Flandre, etc. » (Molinet, chap. CCCXXVI.)

sentant le roi de France. Cet acte disposait que le roi des Romains, en faveur du futur mariage de son petit-fils, le duc de Luxembourg, et de dame Claude de France, investissait le Roi Très-Chrétien, pour lui et ses descendants, et, à leur défaut, pour sa fille Claude, conjointement avec Charles d'Autriche, son fiancé, du duché de Milan et des comtés de Pavie et d'Angleria. L'acte délivré au cardinal d'Amboise ne contenait pas la clause résolutoire stipulée dans le second traité de Blois; mais elle était rétablie dans une autre investiture donnée le même jour au roi de Castille, comme tuteur de son fils. Il y était dit que, si le roi et la reine de France mettaient obstacle au mariage projeté, l'Empereur révoquerait l'investiture octroyée à Louis XII et la transférerait à Charles de Luxembourg et à sa postérité. Soit que cet acte restrictif eût froissé le cardinal d'Amboise, en supposant qu'il en ait eu connaissance (1), soit que Louis XII s'inquiétât de la grandeur croissante de la maison austro-bourguignonne, soit enfin que Philippe d'Autriche, de son côté, commençât à se défier de son suzerain et voulût agir désormais en souverain indépendant, les relations de la cour de Bruxelles avec la France se refroidirent insensiblement.

Non-seulement Philippe prit une attitude plus décidée vis-à-vis du duc de Gueldre, sentinelle avancée de la puissance française dans les Pays-Bas, mais encore il se mit presque en révolte ouverte contre la suzeraineté même de Louis XII. En Artois et en Flandre, ses officiers de justice « interdirent violemment tout appel » au parlement de Paris, tuèrent un sergent royal et s'attribuèrent » la collation des bénéfices et autres droits inhérents à la souverai» neté (2). » Philippe ayant refusé d'accorder la satisfaction réclamée par Louis XII, un arrêt du parlement de Paris, du 6 septembre, « ajourna le roi de Castille à comparoir en personne, aussi bien » que son chancelier, Thomas de Pleine, et le président de son

(1) M. Le Glay émet des doutes sur l'authenticité de ce second acte; il ne croit pas du moins qu'il ait été fait avec la participation des plénipotentiaires français: il affirmerait plutôt que c'est un titre illégitime fabriqué après coup dans l'intérêt de la maison d'Autriche.

(2) *Négociations diplomatiques*, etc., t. Ier, p. LXIX.

» conseil, pour entendre prononcer la saisie des comtés de » Flandre, d'Artois et de Charolais et leur mise aux mains du roi » de France, jusqu'à ce que satisfaction eût été donnée sur tous les » griefs. » Mais Philippe, quelles que fussent alors ses répugnances pour la suzeraineté française, ne pouvait, dans les circonstances où il se trouvait, accepter une rupture flagrante. Les principaux membres de son conseil furent députés à Louis XII : ils se soumirent aux arrêts du parlement de Paris, et s'engagèrent même à réparer les infractions commises au détriment de la suzeraineté du roi de France. D'un autre côté, ils obtinrent une surséance de six mois pour faire juger par le parlement la question de l'hommage que Louis prétendait aussi lui être dû pour le pays de Waes, en Flandre, et le comté d'Ostrevant, en Hainaut (1).

Il importait surtout à Philippe d'Autriche de se mettre en garde contre l'habileté astucieuse de Ferdinand le Catholique et de déjouer ses intrigues. D'accord avec les grands de Castille, qui refusaient de se conformer à la dernière volonté d'Isabelle, Philippe somma son beau-père de résigner le gouvernement et de se retirer en Aragon. Mais Jeanne tint une tout autre conduite. D'après les suggestions de Lopez Conchillos, gentilhomme aragonais et agent de Ferdinand, la reine consentit à écrire une lettre où elle exprimait formellement le désir que son père conservât l'administration du royaume. Malheureusement cette lettre tomba entre les mains de Philippe et le blessa profondément. Stimulé par don Juan Manuel, noble castillan qui avait pris beaucoup d'ascendant sur son esprit, et n'écoutant que sa colère, Philippe fit arrêter et emprisonner Conchillos, chassa de la cour de sa femme tous les Espagnols, et voulut que la reine elle-même fût confinée dans un appartement du palais (2).

(1) *Nég. dipl.*, t. Ier, pp. LXX et LXXI.

(2) Prescott, *History of the reign of Ferdinand and Isabella*, part. II, chap. XVII, *passim*. — Ferdinand se vengea plus tard sur don Juan Manuel, qui, exerçant les fonctions d'ambassadeur des rois catholiques en Allemagne, avait abandonné le roi d'Aragon pour s'attacher à Philippe et était devenu l'âme du parti qui soutenait le souverain des Pays-Bas. Vers 1514, Ferdinand, à son tour, fit emprisonner Manuel, et celui-ci ne recouvra la liberté qu'à la mort du

Les inquiétudes de Ferdinand augmentèrent, lorsqu'il apprit que Maximilien et son fils s'efforçaient d'ébranler la fidélité de Gonzalve de Cordoue et tâchaient d'engager cet illustre guerrier à remettre Naples à Philippe d'Autriche. Philippe devait céder ensuite le même royaume à Louis XII, en échange de l'appui que ce monarque lui prêterait pour faire prévaloir ses droits en Castille.

Fondées ou non, ces rumeurs déterminèrent le roi d'Aragon à se rapprocher étroitement de Louis XII, qui, sous un air de franchise, était, comme Ferdinand l'avouait lui-même, l'ennemi secret de l'archiduc et n'aspirait qu'à renverser la grandeur croissante de la maison d'Autriche-Bourgogne. Le 12 octobre 1505 fut conclu, à Blois, un traité par lequel Louis donnait en mariage sa nièce, Germaine de Foix, au roi d'Aragon, et assignait pour dot à cette princesse la portion du royaume de Naples qui, aux termes des traités du 22 septembre 1504, devait être assurée aux jeunes fiancés, Claude de France et Charles de Luxembourg. De son côté, Ferdinand promettait, dans le cas où Germaine mourrait sans enfants, de laisser à la France l'autre moitié du même royaume (1). Ce traité était, en réalité, une nouvelle exhérédation pour Philippe le Beau et sa postérité. Ferdinand voulait lui ôter les royaumes d'Aragon, de Naples et de Sicile, et Louis XII les acquisitions stipulées dans le contrat des fiançailles de Charles de Luxembourg et de Claude de France. Ce contrat même venait d'être détruit par « l'ennemi secret » de la maison d'Autriche-Bourgogne. Louis, dictant son testament, y exprimait la volonté que sa fille épousât François, comte d'Angoulême, héritier présomptif de la couronne. Il fit

prince qu'il avait offensé. L'ordre d'arrestation, émané de Marguerite d'Autriche, se trouve dans les *Papiers d'État du cardinal de Granvelle*, t. Ier, p. 84. Il porte la date du 17 janvier 1515 (v. s.) et enjoignait, de par l'Empereur, qui n'avait alors rien à refuser au Roi Catholique, et commandait, sous peine de la vie, à Pierre de Loquenghien et à Jean de Hesdin, maîtres d'hôtel, d'arrêter don Juan Manuel en la maison qu'il occupait à Malines et de le transférer au château de Vilvorde.

(1) Germaine était fille de Jean de Foix, vicomte de Narbonne, et de Marie, sœur de Louis XII. Elle avait alors dix-huit ans, et Ferdinand en avait cinquante-trois.

plus. A l'insu de la reine (Anne de Bretagne), il manda près de lui les principaux capitaines de ses gardes et leur fit jurer de veiller à l'exécution de cette clause et de s'opposer jusqu'à la mort à ce que la princesse Claude fût transportée hors de France (1).

La nouvelle politique de Louis XII se révéla bientôt dans une communication très-hautaine qu'il adressa à l'archiduc. Il lui défendit de traverser son royaume pour aller en Espagne jusqu'à ce qu'il se fût réconcilié avec son beau-père. Alors Philippe résolut de temporiser et d'opposer la ruse à l'astuce. Les ambassadeurs flamands en Espagne reçurent ordre d'assurer Ferdinand que l'archiduc avait le désir le plus vif de terminer à l'amiable les différends qui s'étaient élevés. Le nouvel allié de Louis XII tomba dans le piége, et conclut, à Salamanque (24 novembre 1505), un traité stipulant que le gouvernement de Castille serait exercé au nom de Ferdinand, de Philippe et de Jeanne conjointement, et que les revenus de la couronne, ainsi que la collation des emplois, seraient partagés, par égale portion, entre le roi d'Aragon et l'archiduc (2). Le but du jeune prince, en proposant ce traité, était d'endormir les soupçons de son beau-père jusqu'à ce qu'il fût arrivé en Castille, où tout le monde, croyait-il, se déclarerait pour lui.

Ce second voyage, que Philippe se proposait de faire en Espagne, avait été sinon conseillé du moins approuvé par les états généraux des Pays-Bas, qui avaient accordé à leur prince une *aide* de 400,000 florins (3). Il avait été résolu aussi que, pendant l'absence de l'archiduc, la régence serait exercée par Guillaume de Croy, seigneur de Chièvres, né en France, et qui, jusqu'alors, avait partagé son dévouement entre les souverains des Pays-Bas et les successeurs de Louis XI (4).

(1) *Négociations diplomatiques*, etc., t. Ier, p. LXXIII.

(2) Prescott, *History of the reign of Ferdinand and Isabella*, part. II, chap. XVII.

(3) Gachard, *Des anciennes assemblées nationales*, § II.

(4) *Recherches historiques sur les princes de Chimay et les comtes de Beaumont*, publiées par M. Gachard, dans le *Bulletin de la Commission royale d'histoire*, 1re série, t. XI, pp. 124-126.

Le 8 janvier 1506, Philippe d'Autriche, après avoir présidé le chapitre de l'ordre de la Toison d'or dans l'antique abbaye de Middelbourg, s'embarqua avec sa femme et Ferdinand leur second fils, sur une flotte composée de plus de quatre-vingts voiles. A peine s'était-elle éloignée de la Zélande que le feu se déclara dans le vaisseau royal, et on eut de la peine à s'en rendre maître. Ce n'était que le prélude d'un plus grand désastre. Les navires se rapprochaient de la côte d'Espagne, lorsqu'il s'éleva une violente tempête qui les força de rebrousser chemin. Cet ouragan dura trente-six heures et dispersa la flotte. Le navire royal, qui n'avait plus ni mâts ni voiles, se remplissait d'eau et semblait perdu. Tout le monde poussait des cris de désespoir, et Philippe lui-même croyait que sa dernière heure était venue. Il monta sur le pont et dit avec beaucoup de calme à ceux qui l'entouraient : « Mes enfants, recommandons notre fait au Créateur; je viens mourir avec » vous (1). » Trois navires furent effectivement perdus; les autres furent poussés en différents ports de Bretagne et d'Angleterre; parmi ces derniers était le vaisseau royal, qui atteignit enfin Hampton. 1506.

Henri VII s'empressa de faire aux naufragés l'accueil le plus honorable et le plus fastueux. Pendant tout le temps de leur séjour en Angleterre, les archiducs et leur suite furent généreusement défrayés par les officiers du roi (2). Mais les fêtes prodiguées au souverain des Pays-Bas cachaient les négociations les plus actives et les plus importantes. Trois traités furent conclus et signés. L'un stipulait une étroite amitié, laquelle impliquait même l'extradition réciproque des rebelles, des traîtres et des fugitifs. Le second décidait le mariage de Henri VII avec Marguerite d'Autriche, sœur de Philippe le Beau. Le troisième renouvelait les

(1) Pontus Heuterus, liv. VI, p. 276. — *Chroniques* de Molinet, chapitre CCCXXXIV.

(2) *Relation manuscrite du second voyage de Philippe le Beau en Espagne*, analysée par M. Gachard dans le tome VI, 2me série, du *Bulletin de la Commission royale d'histoire.* L'auteur qui, selon toutes les probabilités, était Antoine de Lalaing, s'exprime comme témoin : « Je n'en parle point par oy-dire, car j'en » ay eu l'aise, et eus part à ce que je dis... »

traités d'entre-cours de 1496. Pour resserrer encore cette alliance, le souverain des Pays-Bas accepta l'ordre de la Jarretière, tandis que le jeune prince de Galles, époux de l'infante Catherine d'Aragon (sœur de Jeanne) (1), recevait les insignes de l'ordre de la Toison d'or dont Philippe était le chef suprême. Il avait été convenu que les trois traités seraient confirmés, scellés et délivrés à Calais, à des termes fixés : celui du mariage endéans le 20 juin ; celui du renouvellement d'amitié endéans le 20 juillet, et celui de l'entre-cours, si impopulaire dans les Pays-Bas, endéans le 31 juillet. Mais les envoyés anglais, venus à Calais, attendirent vainement les lettres confirmatives du roi de Castille (2). Pressé par les instances déloyales de son hôte, Philippe eut toutefois la faiblesse de lui faire une concession qui pèse encore sur sa mémoire : il consentit à lui livrer un des chefs de la *Rose-Blanche*, le fameux Edmond de la Pole, comte de Suffolck, qui avait trouvé un asile dans les Pays-Bas (3).

Le 23 avril, les archiducs s'étaient rembarqués à Falmouth et avaient continué leur voyage ; ils abordèrent à la Coruña, en Galice, le 26 du même mois, et presque immédiatement la majorité des grands de Castille se prononça contre Ferdinand. Philippe, fort de cette adhésion, déclara qu'il ne reconnaissait point la convention de Salamanque, prit l'autorité suprême, refusa, malgré les efforts et les instances du cardinal Ximenès, de se réconcilier avec son beau-père, et obligea, enfin, ce dernier à se retirer dans

(1) Le premier prince de Galles, fils aîné de Henri VII, s'appelait Arthur. Il mourut prématurément, et son frère, qui portait alors le titre de duc d'York, ne tarda point à être fiancé avec sa veuve. Catherine d'Aragon avait dix-huit ans lorsqu'elle fut unie, malgré elle, avec le futur Henri VIII, qui était de cinq ans plus jeune.

(2) Lettre de Henri VII à Maximilien, datée de Greenwich, le 13 août 1506, et publiée par M. Gachard dans le *Bulletin de la Commission royale d'histoire*, 2me série, t. III, p. 305.

(3) *Mémoires* de Du Bellay (édition de 1753), t. Ier, p. 47. « Il est vrai, dit-il, » que Henri promit de conserver la vie à Suffolck, et il tint sa promesse; mais » peu de moments avant sa mort, il ordonna à son fils de lui faire trancher la » tête, et ce fut la première chose que fit Henri VIII, dès qu'il fut monté sur le » trône. »

l'Aragon. Le souverain des Pays-Bas était désormais le seul et véritable administrateur de la Castille; quant à l'infante, sa raison vacillante, troublée de plus en plus par une jalousie frénétique, la rendait incapable d'exercer ou de revendiquer ses droits, bien qu'ils eussent été solennellement ratifiés et proclamés de nouveau par les cortès réunies à Valladolid (1). Jeanne était la reine légitime, et les cortès, après lui avoir prêté serment de fidélité, refusèrent de consentir à la proposition qui leur avait été faite de la priver de sa liberté. Ferdinand aussi protesta contre ceux qui cherchaient à augmenter la mésintelligence entre les deux époux et qui conseillaient de placer sa fille dans un château fort (2).

Tandis que Philippe d'Autriche, comme époux de la reine et tuteur de son fils, prenait possession du gouvernement de la Castille, Louis XII annulait définitivement les traités qui assuraient à Charles de Luxembourg l'expectative des duchés de Bourgogne et de Bretagne. Le 14 mai 1506, les états généraux du royaume se réunirent à Tours, et là, sur leur requête, furent fiancés Claude de France et François d'Angoulême, héritier présomptif du trône.

Louis XII servait incontestablement les intérêts de la France en déchirant les traités de Blois; mais sa conduite fut entachée de duplicité. Il ne cessait de protester à Jean de Courteville, ambassadeur de Philippe le Beau, qu'il n'accordait aucune assistance à Charles d'Egmont, duc de Gueldre, et qu'il n'avait jamais pensé

(1) La jalousie, d'ailleurs motivée, de la malheureuse princesse avait dégénéré, selon un contemporain « en une très-malvaise coustume et jusqu'à la rage » d'amours, qui est une rage excessive et inextinguible. » Il ajoute : « Et est la » chose tellement allée que la bonne royne n'a eu, en trois ans, non plus de bien » ni de repos qu'une femme damnée, ou une femme hors de sens.... Et venue en » son royaulme, ne cessa que les dames qui estoient en sa compagnye ne furent » renvoiées; ou aultrement elle eust tout publicquement voulu donner à cognoistre » sa jalousie et folye.... En tel estat alloit auprès de son mary par les champs, en » la compagnye de dix ou aucunes fois de vingt[me] hommes, seulle femme, sans » compaignye, etc. » (*Relation du second voyage de Philippe le Beau*, etc., dans le *Bulletin de la Commission royale d'histoire*, 2me série, t. VI, p. 31.)

(2) Instructions adressées par Ferdinand d'Aragon à Louis Ferrer, son chambellan, envoyé vers Philippe le Beau (22 juillet 1506), dans les *Papiers d'État du cardinal de Granvelle*, t. Ier, p. 48.

à lui en accorder ; et cette protestation, il la faisait *sur sa foi et la damnation de son âme.* Cependant l'ambassadeur constata que le roi secourait le duc d'argent et de soldats, et Louis fut, enfin, obligé d'en convenir. Pour sortir d'embarras, il déclara que le roi de Castille n'avait aucun droit sur la Gueldre, et qu'il ne laisserait pas détruire Charles d'Egmont, son *parent* et *serviteur.* Alors l'ambassadeur, indigné, manda à son maître que le roi de France ne l'aimait ni ne lui voulait du bien. Philippe, non moins irrité, écrivit de Valladolid au cardinal d'Amboise, le 24 juillet, qu'il n'avait le cœur si lâche ni les biens de ce monde si petits qu'il ne risquât tout, même la vie, avant de se laisser outrager ; qu'il protestait, néanmoins, que ce serait malgré lui qu'il ferait la guerre au roi de France, et que, si cela arrivait, il lui laisserait la responsabilité des maux qui en résulteraient (1). S'il faut en croire Guicciardin, Louis XII, en secourant le duc de Gueldre, voulait empêcher ou retarder le voyage de Maximilien, qui avait l'intention de se rendre à Rome pour prendre la couronne impériale (car il n'était encore qu'empereur *élu*), et faire nommer ensuite son fils roi des Romains (2).

(1) Les dépêches de Jean de Courteville, seigneur de la Bussière et de Preurelles, chambellan de l'archiduc Philippe, etc., ont été recueillies dans la *Correspondance de Marguerite d'Autriche, gouvernante des Pays-Bas*, etc., tirée des archives de Lille et publiée par L.-Ph.-C. Vanden Bergh (Leyde, 1845), t. Ier, *passim.* On y trouve aussi reproduite la lettre adressée par Philippe d'Autriche au cardinal Georges d'Amboise, légat en France. L'ambition était, ce semble, le mobile du changement de conduite de ce ministre, comme il résulte de l'extrait suivant d'une lettre écrite, vers cette époque, par Philibert Naturelli, ambassadeur à Rome, au roi de Castille : « Ledit légat a bien merveilleusement et déshonnétement chengié de volonté qu'il avoit envers nous ... Je vous advertis, Sire, » qu'il entretient ledit S[r] roy d'Aragon de tout son pouvoir à quelque mal et déshonneur qu'il en puist advenir, et n'y a autre raison principale, *fors qu'il espère d'estre pape une fois par le moyen d'icelluy roy d'Aragon*, lequel » luy a promis, le cas advenant du trespas du pape présent (Jules II), de luy » faire avoir la voix de tous les cardinaux d'Espaigne qui sont par deçà..... » (*Négociations diplomatiques*, etc., t. Ier, p. 112.)

(2) *Histoire d'Italie*, liv. VII, chap. Ier. — Dans les actes contemporains, on donnait à Maximilien tantôt le titre d'*empereur de Rome* et *roy de Germanie*, tantôt celui d'*empereur des Romains.* (Lanz, *Monumenta Habsburgica*, t. Ier, *passim.*)

La mort inopinée de Philippe laissa les choses en cet état. Le 25 septembre 1506, ce prince, appelé à de si hautes destinées, expirait dans la ville de Burgos, à l'âge de vingt-huit ans et au bout de six jours de maladie. Foudroyée par ce coup terrible et imprévu, la fille des Rois Catholiques perdit complétement la raison et ne la recouvra plus. Pendant le demi-siècle qu'elle survécut à son époux, elle fut toujours considérée comme la reine; mais cette reine de Castille était Jeanne la Folle.

Philippe d'Autriche, sans posséder des qualités éminentes, avait, par sa modération habile, rétabli la prospérité des Pays-Bas et acquis, sinon en Espagne, du moins parmi ses compatriotes, une grande popularité. « Il était naturellement bon, magnifique, libéral, affable, bienveillant, et si familier avec tout le monde qu'il oubliait parfois le décorum royal. Il aimait la justice et s'appliquait à la faire observer. Il était religieux et n'avait qu'une parole quand il promettait. Il était doué, enfin, d'une rare intelligence, apprenait avec facilité les choses les plus ardues; mais il n'était ni prompt dans les réponses ni résolu dans l'exécution : toujours il se rapportait à l'avis de son conseil, dans lequel il avait une grande confiance, étant naturellement enclin à se laisser persuader par les personnes qu'il aimait (1). »

Malgré sa duplicité, Louis XII n'avait point le cœur froid ni la dévorante ambition de Louis XI. En apprenant la malheureuse fin du roi de Castille, il se souvint de leurs relations autrefois si amicales et de leur parenté. Il écrivit au lieutenant général des Pays-Bas (2 octobre 1506) pour lui témoigner l'intérêt paternel qu'il portait aux enfants du roi de Castille et son désir « d'assurer leur » État. » Il l'avertissait qu'il venait de mander au duc de Gueldre et au marquis de Sedan de déposer les armes pour quelque temps, par égard pour la position critique des jeunes orphelins (2). Enfin,

(1) Relation de Vincent Quirini sur Philippe le Beau, fait au sénat de Venise, en 1506, et publiée par M. Gachard, dans les *Monuments de la diplomatie vénitienne* (*Mémoires de l'Académie royale de Belgique*, t. XXVII).

(2) *Négociations diplomatiques*, etc., t. Ier, p. 192. — Philippe le Beau laissait, de son mariage avec Jeanne de Castille et d'Aragon, six enfants : *Éléonore*, née à Bruxelles, au mois de novembre 1499; *Charles*, né à Gand, le 24 février 1500;

il ordonna que l'on célébrât les obsèques du roi de Castille dans toutes les églises cathédrales du royaume de France. Le roi d'Angleterre écrivit également au S[gr] de Chièvres, et ses protestations de dévouement à la descendance de Philippe d'Autriche furent encore plus chaleureuses que celles de Louis XII. Il donnait, d'ailleurs, à entendre qu'il n'était point disposé à livrer les Pays-Bas à l'ambition française (1).

Isabelle, née à Bruxelles, le 27 juillet 1502; *Ferdinand*, né à Alcala, le 10 mars 1503; *Marie*, née à Bruxelles, le 13 septembre 1505, et baptisée à l'église du Sablon; *Catherine*, née à Torquemada en 1507, cinq mois après la mort de son père.

(1) Voir la lettre du roi d'Angleterre, datée du 18 octobre 1506, dans les *Notices et extraits de manuscrits relatifs à l'histoire de Belgique*, etc., publiés par M. Gachet, dans le *Bulletin de la Commission royale d'histoire*, 2me série, t. V, pp. 110-112.

CHAPITRE II.

MARGUERITE D'AUTRICHE ET CHARLES D'EGMONT.

Les états généraux, réunis à Malines, reçoivent information de la mort de Philippe le Beau. — La majorité est d'avis d'offrir la régence à Maximilien. — Il délègue Marguerite d'Autriche pour gouverner les Pays-Bas et élever les enfants de Philippe. — Détails sur la fille de Maximilien. — Installation de Marguerite en qualité de gouvernante. — Traité commercial avec l'Angleterre. — Guerre avec la Gueldre. — Origine de cette longue lutte. — Mésintelligence d'Arnould et d'Adolphe d'Egmont. — Le duché de Gueldre est cédé à Charles le Téméraire. — Soulèvement des Gueldrois après la mort de ce prince. — Charles d'Egmont chasse les garnisons allemandes. — Efforts de Maximilien et de Philippe le Beau pour établir leur domination en Gueldre. — Charles d'Egmont est soutenu par Louis XII. — Trêve conclue à Rosendael, le 27 juillet 1505, et bientôt violée. — Louis XII continue d'assister le duc de Gueldre. — Les états généraux n'accordent point à Marguerite d'Autriche l'argent et les troupes qu'elle demande pour garantir la sûreté du pays. — Dévastations commises dans le Brabant. — Les auxiliaires français sont battus près de Saint-Hubert. — Interruption des hostilités.

Guillaume de Croy, lieutenant général des Pays-Bas en l'absence 1506.
du souverain, avait convoqué les états généraux à Malines (août 1506), afin de leur demander une levée de huit mille piétons et de quinze cents chevaux pour s'opposer aux agressions du duc de Gueldre. Les états obtinrent un délai jusqu'au 22 septembre. Lorsqu'ils furent de retour à Malines, quelque temps après l'époque fixée, la nouvelle inattendue de la mort du roi (c'était le titre officiel de Philippe le Beau) agitait profondément les esprits et répandait les plus vives alarmes jusqu'aux extrémités du pays.

Le dimanche, 18 octobre, les députés des provinces s'assemblèrent à Malines dans la salle de la Cour, à huit heures du matin, en présence du jeune archiduc Charles, des membres de sa famille, des chevaliers de l'ordre de la Toison d'or et des membres du conseil. Le chancelier de Bourgogne exposa d'abord les motifs du dernier voyage du roi, qui était allé en Espagne, disait-il, afin d'y recueillir les grands biens qui lui étaient échus, et il ajouta « que nul ne luy avoit conseillé faire ledit voiage; mais par magna- » nimité, de soy-meismes, craindant estre réputé lâche, s'y estoit » conclud. » Il raconta ensuite les vicissitudes de la traversée, parla des tempêtes qui avaient obligé le roi à relâcher en Angleterre, et dit, enfin, comment Philippe était arrivé en Espagne, après avoir surmonté tant de périls, et comment il avait été reconnu comme « roy et seigneur du pays » jusqu'au jour où la mort était venue le surprendre inopinément au milieu de ses prospérités (1). Après ce long et funèbre préambule, le chancelier proposa de pourvoir à la tutelle des enfants du souverain décédé et à la régence du pays, le testament du roi Philippe ne contenant aucune disposition sur ces deux points (2). Les opinions furent divergentes. Les députés du Brabant, de la Hollande, de la Zélande et de la Frise se prononcèrent pour le roi des Romains; ceux de Flandre, d'Artois, de Lille, de Douai et d'Orchies dirent être sans instructions; ceux du Hainaut et de Namur, craignant de provoquer la

(1) Fragments des registres mémoriaux conservés dans les archives municipales de Béthune et publiés par M. Gachet, dans le *Bulletin de la Commission royale d'histoire*, 2me série, t. V, pp. 107 et suiv.

(2) Ce dernier acte était daté de Middelbourg, le 2 janvier 1506. Philippe y exprimait la volonté que, si la mort le surprenait par deçà, en allant ou en revenant, et que le duché de Bourgogne fût en ses mains, on l'inhumât à Dijon avec les ducs ses prédécesseurs, sinon à Bruges avec la duchesse Marie, sa mère; s'il mourait en Espagne, il voulait qu'on l'inhumât, à Grenade, près de la reine Isabelle, sa belle-mère, et qu'on instituât « une haulte messe à notte chascun » jour et LX mille basses messes. » La démence de Jeanne fit ajourner l'accomplissement du vœu si formellement exprimé dans ce testament. Pour ne pas se séparer des dépouilles de son époux, Jeanne les fit déposer à Tordesillas, dans le monastère de Ste-Claire joignant le palais où elle vécut encore pendant quarante-sept ans. Mais, après la mort de sa mère, Charles-Quint se souvint du testament de Middelbourg et l'exécuta. Les dépouilles de Philippe le Beau furent transportées dans la cathédrale de Grenade où elles furent inhumées, avec celles de Jeanne, dans un magnifique tombeau érigé près du mausolée de Ferdinand et d'Isabelle.

colère du roi de France dont les troupes paraissaient déjà menacer leurs frontières, ne voulurent voter ni pour Maximilien ni pour un autre. L'avis du Brabant ayant prévalu, des ambassadeurs se rendirent à Ems pour offrir la régence à Maximilien (1).

Ce prince conservait toute sa défiance à l'égard de la politique française. Il avait écrit au seigneur de Chièvres et aux autres personnages, qui étaient provisoirement investis du gouvernement, de ne pas s'arrêter aux lettres du roi de France, et de ne point ajouter foi à des offres dont la sincérité était plus que douteuse (2). Il aurait même voulu que les ambassadeurs de Louis XII fussent éloignés des provinces belges, de crainte qu'ils ne les fissent révolter; car ils n'ont d'autre courage, disait-il, sinon celui de détruire la maison de Bourgogne, comme ils sont toujours accoutumés de faire (3). Satisfait de la déférence des états et prétextant les soins de l'Empire, il délégua sa fille, Marguerite d'Autriche, pour élever, sous sa direction, les enfants de Philippe le Beau et gouverner les domaines patrimoniaux de la maison de Bourgogne.

On sait déjà comment Marguerite, après avoir été fiancée au dauphin de France, avait été renvoyée, en 1493, quand le fils de Louis XI eut résolu d'épouser Anne de Bretagne. Bien que, à cette époque, Marguerite n'eût encore que quatorze ans, elle était déjà passionnée aussi pour la grandeur de la maison de Bourgogne. Elle traversait Cambrai pour retourner à la cour de son frère, lorsque des bourgeois se mirent à crier *Noël!* Importunée de cette exclamation toute française, Marguerite leur dit à

(1) Gachard, *Des anciennes assemblées nationales*, § II. — Voir aussi une *note* du savant archiviste dans le tome V des *Bulletins de l'Académie royale de Bruxelles*.

(2) Lettre de Maximilien, roi des Romains, aux gouverneurs des Pays-Bas, au sujet de la mort du roi de Castille, son fils, dans les *Analectes belgiques* de M. Gachard (Bruxelles, 1830, 1 vol. in-8°), pp. 15-19.

(3) C'était avec cette amertume que Maximilien s'exprimait, dans les instructions qu'il adressait, le 3 novembre 1506, au Sr de Chièvres et aux membres de son conseil, pour leur ordonner de poursuivre à outrance la guerre contre la Gueldre. « ... Faictes, ajoutait-il, que les françois ambassadeurs ne demeurent » point en nos pays de par delà, mesmement à l'assemblée des estats, afin qu'ils » ne brassent et facent aulcune mutinerie entre nos subgectz; car ils n'ont aultre

haute voix : « Ne criez pas *Noël!* mais bien *Vive Bourgogne!* (1). »

Elle résida dans la ville de Namur jusqu'à l'époque de son mariage avec le prince Juan de Castille. Au mois de février 1497, elle s'embarqua pour l'Espagne, et, le 14 octobre de la même année, elle perdit son époux (2). Elle revint dans les Pays-Bas, après avoir vu s'évanouir la perspective de devenir reine des Espagnes, comme naguère elle avait été frustrée de l'espoir d'être reine de France. En 1501, elle fut demandée en mariage par Philibert, dit le *Beau*, duc de Savoie. L'archiduc, son frère, ne contraria point ses vœux, et le contrat fut signé à Bruxelles le 26 septembre. Une députation de deux cent cinquante chevaliers de Savoie vint, de la part de Philibert, chercher sa fiancée, et à ce brillant cortége se joignirent un grand nombre de seigneurs flamands qui conduisirent Marguerite, aux dépens de l'archiduc, jusqu'à Genève (3). Philibert mourut aussi prématurément, le 10 septembre 1504, et, pour la seconde fois, Marguerite resta veuve sans enfants (4).

1507. Sur l'invitation de l'Empereur, les états généraux des Pays-Bas se réunirent à Louvain au mois de mars 1507, pour procéder à l'installation de la sœur de Philippe d'Autriche. Le duc de Juliers y prêta, au nom de Maximilien, le serment imposé au *mambour* ou tuteur; puis Marguerite se fit reconnaître comme gouvernante générale et tutrice des enfants de son frère, pendant l'absence de leur aïeul (5). Les états généraux manifestèrent leur satisfaction de

» couraige, sinon de détruire la maison de Bourgogne et tout ce que en dépend, » comme ils sont toujours accoutumés de faire... » (*Documents historiques*, Archives du royaume, t. Ier.)

(1) *Correspondance de l'empereur Maximilien avec Marguerite d'Autriche, sa fille*, publiée par M. Le Glay (Paris, 1839, 2 vol. in-8°, t. II, p. 425).

(2) « Marguerite était alors enceinte : elle mit au monde un enfant qui ne vécut que peu d'instants. » *Ibid.*, t. II, p. 427.

(3) Pontus Heuterus, lib. VI, pp. 252-253.

(4) *Le beau duc de Savoye*, comme Marguerite disait elle-même, mourut à vingt-trois ans. Il avait bien mérité son surnom aux yeux de sa veuve qui, quinze années plus tard, pleurant encore son trépas, le dépeignait comme *le plus bel homme* qui fût au monde. *Albums de Marguerite d'Autriche*, publiés par E. Gachet (Mons, Société des Bibliophiles belges), p. 100.

(5) Voir dans les *Analectes historiques* de M. Gachard (*Bulletin de la Com-*

ce choix; ils déclarèrent qu'ils reconnaissaient volontiers l'archiduchesse en la double qualité qui lui était attribuée, et ajoutèrent, au grand déplaisir de Louis XII, que, lorsque le roi des Romains se trouverait aux Pays-Bas, ils seraient toujours prêts à l'y reconnaître lui-même (1).

Marguerite fixa sa résidence à Malines avec ses jeunes pupilles, Charles, Marie, Isabelle, Éléonore et Catherine d'Autriche. Quant à Ferdinand, il avait, comme on sait, accompagné son père en Espagne.

On ne tarda point à reconnaître la capacité et la fermeté de la gouvernante des Pays-Bas. La convention commerciale conclue entre Philippe le Beau et Henri VII donnait lieu aux plus vives réclamations: Marguerite obtint des modifications importantes, et fit même rétablir les choses sur le pied où elles étaient du temps de Philippe le Bon. Ces concessions furent consignées dans l'acte négocié et arrêté à Bruges, le 5 juin 1507.

Mais le plus grave souci du gouvernement était sans contredit la lutte contre la Gueldre. Aussi est-il indispensable de remonter jusqu'aux causes de cette guerre, qui se prolongea pendant plus de quarante années et entrava la puissance croissante de la maison d'Autriche dans les Pays-Bas.

Renaud IV, duc de Gueldre et de Juliers, étant mort sans postérité légitime en 1423, son arrière-neveu, Arnould d'Egmont, lui succéda et reçut de l'empereur Sigismond l'investiture. Arnould

mission royale d'histoire, 2e série, t. V, pp. 505 et suiv.), deux lettres patentes par lesquelles Maximilien délègue l'archiduchesse Marguerite pour recevoir, en son nom, comme tuteur et *mambour* de son petit-fils l'archiduc Charles, le serment des états des Pays-Bas, et désigne le duc Guillaume de Juliers, le marquis Christophe de Bade, le prince Rodolphe d'Anhalt et le docteur Sigismond Ploug, pour prêter serment auxdits états.

(1) Gachard, *Des anciennes assemblées nationales*, § II. — Le 21 juillet 1507, Louis XII signifia aux habitants d'Arras de ne point reconnaître Maximilien pour *mambour* du jeune prince de Castille, promettant de les soutenir, s'ils étaient inquiétés à ce sujet. Mais, de son côté, Maximilien enjoignit à Marguerite de maintenir les habitants d'Arras dans son obéissance et de les défendre au besoin contre les Français. (*Correspondance de l'empereur Maximilien Ier*, etc., t. Ier, p. 7.)

d'Egmont, continuellement en guerre avec ses voisins, épuisa ses sujets, se ruina lui-même au point de devoir mettre en gage sa vaisselle, et excita enfin contre lui un mécontentement général. Pour comble de malheur, Adolphe, son fils, dévoré d'ambition, se joignit, en 1458, aux villes qui se montraient disposées à détrôner le vieux souverain. Toutefois cette première tentative échoua; assiégé dans Venloo par son père, Adolphe fut obligé de se rendre et d'expier sa faute par un pèlerinage à Jérusalem. Il revint plus audacieux qu'il n'était parti. Toujours en lutte avec son père, il ordonna d'arrêter deux officiers que le duc envoyait de Grave à Arnhem : ces infortunés s'étant réfugiés dans l'église du village de Zellem, Adolphe les fit arracher de l'autel où ils tenaient le crucifix embrassé. On les conduisit à Nimègue, et leur tête fut tranchée avant qu'Adolphe voulût prendre connaissance d'une lettre que son père lui écrivait en faveur des prisonniers (1). Un second voyage d'expiation à Jérusalem n'adoucit point l'implacable héritier de la couronne ducale. Appuyé par Catherine de Clèves, sa mère, par plusieurs seigneurs et par la plupart des villes, il résolut de nouveau de détrôner le malheureux Arnould. Le complot fut mis à exécution le 10 janvier 1465. Au moment où le vieillard allait se coucher, quelques hommes masqués, conduits par son fils, l'arrêtèrent et l'obligèrent à faire cinq lieues à pied, sans chausses, par un temps glacial. Il fut conduit au château de Buren et jeté au fond d'une tour « où il n'y avoit nulle clarté que par une bien petite lucarne (2). »

Les oncles d'Adolphe, Guillaume d'Egmont et Jean de Clèves, se tournèrent contre ce fils dénaturé, et les hostilités se prolongèrent jusqu'en 1469. Une grande victoire, remportée par Adolphe sur ses ennemis, consacra momentanément son usurpation. Assuré de la fidélité de Nimègue, il méprisa l'appel qui avait été interjeté devant le pape et l'Empereur; mais il n'osa point se roidir aussi ouvertement contre les injonctions du duc de Bourgogne, dont la

(1) Ces victimes d'une lutte criminelle étaient deux frères, Warner et Arend Prangen. (Voir l'ouvrage intitulé : *XIV boeken van de Geldersse Geschiedenissen*, etc.; door Arend van Slichtenhorst. Arnhem, 1654, in-fol., p. 253.)

(2) *Mémoires* de Philippe de Commines, liv. IV, chap. Ier.

médiation avait été également invoquée par les vengeurs d'Arnould. Charles le Hardi ordonna au prince gueldrois d'élargir son père, et Adolphe obéit. Tous les deux vinrent ensuite à Dourlens plaider leur cause devant le duc de Bourgogne. Philippe de Commines les vit plusieurs fois dans la chambre de ce souverain et en grande assemblée du conseil; il vit même le vieillard outragé présenter le gage de bataille à son fils. Charles désirait vivement leur réconciliation; mais il favorisait le fils, parce que celui-ci s'était allié à la maison de Bourgogne (1) : il lui offrait le titre de gouverneur ou *mambour* du pays de Gueldre, avec la jouissance de tout le revenu, à l'exception de la ville de Grave, qui demeurerait au père, avec une pension de six mille florins et le titre de duc. Lorsque Philippe de Commines et d'autres conseillers du duc de Bourgogne communiquèrent cette proposition à Adolphe, celui-ci répondit : qu'il aimerait mieux jeter son père la tête en avant dans un puits et s'y jeter après, que de faire cet accommodement; qu'il y avait quarante-quatre ans que son père était duc et qu'il était bien temps qu'il le fût à son tour; qu'il ne consentait qu'à une chose, assurer une pension de trois mille florins à son père, à condition qu'il ne mettrait jamais le pied dans le duché.

La prise d'Amiens par les Français ayant obligé Charles à quitter Dourlens, Adolphe d'Egmont profita de cette circonstance, prit la fuite sous un déguisement et se dirigea vers son pays. Mais en passant un pont près de Namur, il fut reconnu, arrêté par le capitaine du château, et conduit, par ordre du duc de Bourgogne, dans la forteresse de Vilvorde et ensuite à Courtrai, où il resta captif jusqu'à la mort de Charles le Téméraire (2). Arnould d'Egmont avait également repris le chemin de son duché, où le quartier de Ruremonde et d'autres villes se déclarèrent pour lui. Mais le parti

(1) Il avait épousé Catherine, fille de Charles Ier, duc de Bourbon, et d'Agnès de Bourgogne. Il était, par sa femme, beau-frère de Charles le Téméraire. Catherine de Bourbon mourut en 1469. Une des sœurs d'Adolphe d'Egmont, Marie de Gueldre, était reine d'Écosse.

(2) Joh. Isacius Pontanus, *Historiæ gelricæ libri XIV*. (Harderwyck, 1639, in-fol., p. 540.)

d'Adolphe continuant néanmoins à être le plus fort, le vieux souverain, de guerre lasse, prit la résolution de céder la Gueldre au duc de Bourgogne. Au mois de décembre 1472, le traité fut conclu à Saint-Omer : Arnould engagea ses États pour 92,000 florins d'or du Rhin, en s'en réservant le gouvernement et l'usufruit. Peu de temps après, il mourut à Grave.

L'ambition de Charles le Hardi avait été encore aiguillonnée par l'acquisition de ce duché qui arrondissait ses domaines et facilitait l'exécution de ses projets en Allemagne. Il rencontra néanmoins une vive résistance lorsqu'il voulut prendre possession de la Gueldre; car le sentiment national se soulevait contre la suzeraineté bourguignonne. Toutefois, il fallut enfin se soumettre aux forces imposantes et à la nombreuse artillerie que Charles amenait avec lui. Mais à peine le dernier duc de Bourgogne eut-il succombé devant Nancy, que la Gueldre recouvra sa liberté. Les Gantois obligèrent Marie à relâcher Adolphe d'Egmont, et peut-être l'eussent-ils également forcée de le prendre pour époux, si ce prince n'avait trouvé la mort devant Tournai.

Maximilien d'Autriche essaya de revendiquer les droits qui avaient été acquis par Charles le Hardi. Le véritable souverain de la Gueldre était captif : c'était le fils d'Adolphe, Charles d'Egmont (né à Grave, le 9 novembre 1467), que le dernier duc de Bourgogne avait fait conduire à Gand, lorsqu'il se fut emparé de Nimègue. Ce jeune prince, après avoir reçu une éducation brillante à la cour de Bourgogne, était tombé, en 1487, entre les mains des Français contre lesquels il faisait ses premières armes. Charles VIII le traita bien et résolut même de le remettre en possession de ses domaines héréditaires pour susciter à la maison d'Autriche un ennemi dangereux. Lorsqu'il jugea le moment opportun (1492), il relâcha Charles d'Egmont, et celui-ci s'achemina vers la Gueldre, par la Lorraine et le pays de Liége, escorté de troupes françaises sur lesquelles les seigneurs d'Arenberg et de Croy avaient le commandement. Bien accueilli à Ruremonde, puis à Venloo, puis à Nimègue, il parvint à chasser presque toutes les garnisons allemandes que Maximilien avait placées dans le pays. La plupart des seigneurs et des villes prêtèrent serment de fidélité au descendant des anciens princes, et les opposants y furent contraints par les armes (1).

Le chef de l'Empire eut beau marcher lui-même contre Charles d'Egmont, il ne put l'expulser. Maximilien se consola en augmentant, d'un autre côté, son influence dans les provinces septentrionales des Pays-Bas. David de Bourgogne, bâtard de Philippe le Bon et évêque d'Utrecht, étant mort en 1496, Maximilien lui fit donner pour successeur Frédéric de Bade, son cousin. Déjà il avait également imposé aux Frisons le duc Albert de Saxe; et, après une longue guerre, ce peuple héroïque fut subjugué et dépouillé peu à peu de ces libertés qui l'avaient rendu si célèbre au moyen âge.

Cependant Maximilien ne voulait point renoncer à la Gueldre. Il avait formé une coalition avec le duc de Clèves, le duc de Juliers et le comte de Buren; et il avait été décidé qu'ils partageraient entre eux le territoire conquis. Avec les troupes de ses alliés et celles de l'archiduc, son fils, Maximilien fondit, en 1498, sur les domaines qu'il convoitait et s'empara de Nieustad, d'Egt et d'Erkelens. Charles d'Egmont eut succombé sans les secours que Louis XII lui envoya et la médiation qu'il exerça pour lui faire obtenir des trêves particulières. Les pays de Gueldre et de Zutphen formèrent ensuite une ligue pour la défense de leur duc et de leurs franchises. Dans une assemblée des états, tenue en 1501, Charles d'Egmont promit de respecter la liberté du commerce et les priviléges de la nation; d'empêcher qu'aucune taxe ne fût levée ou employée sans le consentement général et particulier des bannerets, des nobles et des villes; et il s'interdit, en outre, de donner

(1) Pendant l'espèce d'interrègne causé par la captivité de Charles d'Egmont, une partie du pays n'avait d'ailleurs cessé de rester fidèle à l'ancienne maison souveraine. « Catherine d'Egmont, sœur d'Adolphe, se mit à la tête du gouver- » nement. Les Gueldrois la reconnurent pour leur souveraine pendant quatorze » ans. Elle assiégea Arnhem deux fois sans succès; mais la troisième tentative » fut plus heureuse : la ville se rendit. » (Basnage, *Annales des Provinces-Unies*, t. Ier.) C'était d'ailleurs avec l'*aide des Français* que Catherine de Clèves avait pu résister aux forces de Maximilien. (Voir Slichtenhorst, pp. 277 et suiv., et Pontanus, liv. X.)

aucun emploi important et de déclarer la guerre sans leur aveu.

Toutefois, les princes de la maison d'Autriche maintenaient leurs prétentions. En 1504, Philippe le Beau interdit tout commerce entre la Hollande et la Gueldre, puis il envoya de nouvelles forces contre ce duché. Les Gueldrois s'étaient jetés dans le pays de Heusden et dans le *waard* de Dordrecht; mais ils en furent repoussés, et leur flotte fut également battue à la hauteur de Monnikendam par celle de Hollande.

Au commencement de 1505, Philippe, ayant reçu l'investiture impériale du duché de Gueldre et du comté de Zutphen, résolut d'en faire la conquête définitive avant de partir pour l'Espagne. Il rassembla des troupes nombreuses, se mit lui-même à leur tête et se rendit maître d'Arnhem et des quatre autres villes qui formaient son quartier (1). Charles d'Egmont implorait en vain le secours des Français; cette fois il ne reçut que des promesses. Impatient de se rendre en Espagne, Philippe lui fit offrir des conditions de paix : Charles, se voyant à la veille de succomber, vint se jeter aux pieds du roi de Castille, et une trêve de deux ans fut conclue à Rosendael, près d'Arnhem, le 27 juillet 1505. Le duc de Gueldre abandonna à Philippe les places que celui-ci avait conquises jusqu'à ce que des arbitres eussent vidé la querelle, et il promit en outre de l'accompagner en Espagne. Il suivit ensuite l'archiduc victorieux à Santem (pays de Clèves), où il eut une entrevue avec l'empereur Maximilien; puis à Anvers, où il toucha 3,000 florins d'or qui lui avaient été promis pour faire le voyage de Castille. Mais dès qu'il eut reçu cette somme, il trompa ses gardes, se déguisa et se sauva dans son duché, où il possédait encore les quartiers de Nimègue et de Ruremonde ainsi que le pays de Zutphen (2).

Après le départ du roi de Castille, Charles d'Egmont reprit non-seulement Lochem et Wageningen, mais encore il ne cessa d'in-

(1) Voir dans les *Analectes historiques* de M. Gachard (*Bulletin de la Commission royale d'histoire,* t. V, 2e série, p. 504), la lettre de Philippe le Beau au chancelier de Bourgogne sur la prise d'Arnhem (16 juillet 1505) et le billet de T. de Plaine, chancelier, à l'audiencier.

(2) Voir Slichtenhorst, fol. 323.

quiéter la Hollande et le Brabant. Louis XII, qui avait, comme on l'a vu, assuré, *sur sa foi et la damnation de son âme*, qu'il n'assisterait plus le duc de Gueldre, ne tarda point à méconnaître ce serment; il prétexta qu'il ne pouvait se dispenser de secourir un parent injustement dépouillé de ses États, et que, d'ailleurs, le roi de Castille faisait alliance avec des ennemis invétérés de la France (1). La mort de Philippe le Beau ne suspendit point cette intervention. Malgré la lettre de condoléance qu'il avait adressée à Guillaume de Croy, Louis XII qui, selon la remarque de Marguerite, n'avait jamais désiré la prospérité et l'accroissement de la maison d'Autriche, ne cessa de soutenir efficacement le prince gueldrois. Les représentations mêmes du roi d'Angleterre ne parvinrent point à faire cesser cette coopération déloyale (2).

Marguerite d'Autriche, investie du gouvernement des Pays-Bas, 1507.
réunit les états généraux à Malines, le 20 juillet 1507, et leur demanda, sans exception en faveur d'aucune classe, la levée d'un *philippus* sur chaque foyer. Le produit de cet impôt devait être employé au payement des gens de guerre en Gueldre et au rachat des domaines engagés du prince. Les états n'accueillirent pas cette

(1) Voir sur cette conduite de Louis XII, les dépêches très-intéressantes de Jean de Courteville, ambassadeur en France, au roi de Castille. Elles sont datées de Tours, le 16 et le 24 mai, le 17 et le 27 juin, le 10, le 18 et le 20 juillet 1506, et insérées, comme nous l'avons dit, dans la *Correspondance de Marguerite d'Autriche*, etc., t. Ier, *passim*.

(2) C'est ce qui résulte de la lettre déjà citée, que Henri VII adressa au S^{gr} de Chièvres, le 18 octobre 1506 : « ..... Pour ce que nous entendons, par » lettres que le sieur de Maigny, chancelier, nous a escript que les Franchois, » *en contrevenant à la promesse que nous a faicte le roy Loys de France de* » *non permettre ne souffrir ses gens de guerre faire aucunes courses ne ynva-* » *sions dedans les pays de par delà hors de Gheldres*, sont puis naguère entrés » dedans le pays de Brabant, où ils ont pillé, bruslé et prins prisonniers; à ceste » cause entendons à toutte diligence dépescher et envoyer vers ledit roy Fran- » chois nostre serviteur Franchois Marezen... à intention qu'il puisse remonstrer » *la rompture de sadite promesse, avec le regret et desplaisir que de ce en* » *prendons...* » (*Bulletin de la Commission royale d'histoire*, 2e série, t. V, pp. 110-112. — Voir aussi le *Mémoire* de Marguerite, présenté à Charles d'Autriche, le 20 août 1515, dans la correspondance publiée par M. Vanden Bergh, t. II, p. 120.)

proposition, mais votèrent un subside de 200,000 philippus. Convoqués ensuite à Gand, ils refusèrent de supporter la dépense d'une armée de 10,000 hommes de pied et de 3,000 cavaliers, que Marguerite jugeait nécessaire pour la garde du pays pendant la minorité du prince. Ils répondirent que, dans les circonstances présentes, cette levée leur paraissait inutile; mais que, si le pays se trouvait réellement menacé, il y serait pourvu (1). Or, dans ce moment même, la Hollande et le Brabant étaient attaqués. Le prince gueldrois, encouragé et stimulé par le roi de France, se montrait plus redoutable qu'il n'avait jamais été. Non-seulement Louis XII, sans égard pour les plaintes de la cour de Bruxelles et les représentations du roi d'Angleterre, continuait de soudoyer Charles d'Egmont, mais encore il lui envoya des auxiliaires commandés par Engelbert de Clèves, comte de Rethel, de Nevers, d'Auxerre et d'Étampes. Robert de la Marck, seigneur de Sedan, s'était également armé pour soutenir les droits du duc de Gueldre. Jetant tout à fait le masque, Louis XII finit même par déclarer qu'il risquerait plutôt sa couronne que d'abandonner son utile et fidèle allié (2).

(1) Gachard, *Des anciennes assemblées nationales*, § 11. — Le refus des états mécontenta vivement l'empereur Maximilien. Dans une lettre remarquable, il s'efforça de leur prouver que la guerre de Gueldre n'intéressait pas seulement le Brabant, comme ils prétendaient, mais bien tous les Pays-Bas, et que tous devaient y prendre part. Il rappelait, à cette occasion, les travaux et dépenses qu'avait supportés tous les princes de la maison de Bourgogne, depuis Charles le Hardi, pour réduire le duché de Gueldre et les efforts des rois de France pour les frustrer de leurs droits légitimes. Il se plaignait surtout de Louis XII, qui avait employé tous les moyens imaginables afin de laisser le pays contesté à Charles d'Egmont. Et son but véritable, quel était-il? Il prétendait, « par le moyen dudit pays de » Gheldres, disait Maximilien, séparer nos pays de par delà du saint empire » et de la maison de Bourgogne, et tant mieulx tenir iceulx pays à sa subgec- » tion. » Voir cette intéressante dépêche dans les *Lettres inédites de Maximilien sur les affaires des Pays-Bas*, publiées également par M. Gachard, t. II, pp. 118-122.

(2) Il n'entre pas dans notre plan de nous étendre sur les nombreux incidents de cette longue guerre. Qu'il nous suffise de les indiquer et d'en faire ressortir les conséquences les plus importantes. Quant aux documents qui s'y rapportent spécialement, on consultera avec intérêt, dans la *Correspondance de Marguerite d'Autriche*, t. Ier, pp. 75 et suiv., les lettres adressées par Fr. Marezen, am-

Les Autrichiens auraient voulu s'emparer de Poederoyen, château situé sur les confins du Brabant et de la Hollande, et qui permettait aux Gueldrois de faire de fréquentes invasions dans ces deux pays. Jean d'Egmont, lieutenant de Hollande, à la tête des troupes de cette province, vint lui-même assiéger Poederoyen; mais la garnison tint bon jusqu'à l'arrivée de Charles de Gueldre, qui obligea les Hollandais à lever le siége. Le duc partit ensuite de Ruremonde avec les auxiliaires français, et se jeta dans la Campine, puis dans la Hesbaye, livrant au pillage Turnhout, Tirlemont et plusieurs autres places. Après le sac de Tirlemont, qui eut lieu au mois de septembre, les auxiliaires français entreprirent de rentrer dans leur pays par le Luxembourg; mais, près de St-Hubert, ils furent assaillis par les paysans exaspérés et mis en déroute. Quant aux Gueldrois, après s'être rabattus sur la Hollande, ils dévastèrent la campagne et emportèrent Bodegrave, Muiden et Weesp. Leur chef osa également sommer Amsterdam. Mais les habitants répondirent qu'ils n'étaient ni disposés à violer la foi qu'ils avaient promise à leur souverain, ni réduits à la nécessité de changer de maître. Ils surent effectivement repousser les assiégeants. L'année suivante (1508), les Hollandais s'emparèrent enfin de Poederoyen; et Weesp, qu'ils bloquaient, allait aussi retomber en leur pouvoir, lorsqu'un événement mémorable et européen changea toute la face des affaires: ce fut la ligue de Cambrai.

bassadeur du roi d'Angleterre, au S[gr] de Chièvres; celles du comte de Rethel à Louis XII et au cardinal d'Amboise; celles de Henri de Nassau et du prince d'Anhalt, chefs des troupes hollandaises et autrichiennes, à Marguerite d'Autriche, etc., etc.

CHAPITRE III.

LA LIGUE DE CAMBRAI ET LA SAINTE LIGUE.

Avénement de Jules II. — Il provoque une coalition contre Venise. — Congrès de Cambrai. — Projets de mariage entre l'archiduc Charles et Marie d'Angleterre, entre Henri VII et Marguerite d'Autriche. — Transaction avec Charles de Gueldre. — Traité de Cambrai du 10 décembre 1508. — Jules II divulgue le secret de la ligue. — Délibérations dans le Sénat de Venise. — Les Français passent les Alpes. — Bataille d'Aguadel perdue par les Vénitiens. — La République prend la résolution d'abandonner ses États de terre ferme. — Jules II, après avoir humilié Venise, se décide à la sauver. — Maximilien dans les Pays-Bas; ses discussions avec les états généraux. — Il se rend à Trente; sa conduite bizarre à l'égard de Louis XII. — Réaction en faveur de Venise dans ses anciennes provinces de terre ferme. — Refroidissement parmi les confédérés. — Avénement de Henri VIII, roi d'Angleterre; il veut s'opposer à l'agrandissement des Français. — Jules II se réconcilie avec Venise. — Son alliance avec les Suisses. — Mort du cardinal d'Amboise. — Louis XII n'ose poursuivre ses succès contre le pape. — Concile convoqué à Pise pour être l'arbitre de la querelle entre le roi de France et le souverain pontife. — Jules II lui oppose un concile universel et forme avec Venise et le roi d'Aragon une nouvelle coalition dirigée contre la France. — Le roi d'Angleterre y accède. — Courte et héroïque carrière de Gaston de Foix. — Bataille de Ravenne. — Les Français sont obligés d'abandonner l'Italie. — Mort de Jules II. — Avénement de Léon X. — Traité de Malines du 5 avril 1513; il n'est ratifié ni par le roi d'Aragon ni par le pape. — Louis XII se réconcilie avec Venise. — Les Français rentrent en Italie et reperdent leurs conquêtes après la bataille de Novare. — Vues de Henri VIII; Maximilien et Marguerite d'Autriche les favorisent. — Nouvelles contestations au sujet de la Gueldre. — La reprise des hostilités excite un vif mécontentement contre Marguerite d'Autriche. — Par haine contre la France, elle engage Maximilien Ier à prêter assistance aux Anglais, mais sans entraîner les Pays-Bas dans la guerre. — Plaintes de Louis XII. — Trêve de quatre années conclue avec la Gueldre. — Débarquement des Anglais. — Démantèlement de Térouane; bataille de Guinegate; capitulation de Tournai. — Les Suisses, qui avaient envahi la Bourgogne, écoutent les propositions de Louis de la Tremoille et se retirent. — Réconciliation de Louis XII avec Léon X, le roi d'Aragon et l'Empereur. — Nouveaux projets d'alliance matrimoniale avec la maison d'Autriche. — Mort de la reine Anne de Bretagne. — Sur le bruit répandu à Londres du mariage prochain de Marguerite d'Autriche avec Louis XII, Henri VIII se décide à rompre le projet d'union déjà décidé entre l'archiduc Charles et Marie d'Angleterre pour donner la main de cette jeune princesse au roi de France. — Mariage de Louis XII avec Marie d'Angleterre; il meurt trois mois après. — Avénement de François Ier. — Paroles hautaines qu'il adresse à l'envoyé du jeune souverain des Pays-Bas et réponse de cet ambassadeur.

Jules II, de belliqueuse mémoire, était monté sur le trône pontifical en 1503. Son prédécesseur, Alexandre VI, avait principalement travaillé à conquérir des principautés pour ses fils et surtout pour ce César Borgia, dont le nom rappelle tous les forfaits. Jules II fit consister son ambition à raffermir et à étendre le domaine de saint Pierre; car il aspirait à faire de l'État de l'Église la première puissance de l'Italie. De là surtout sa jalousie et son animosité contre Venise, qui éclipsait alors tous les autres États de la Péninsule. 1503-1508

Comment la ville de Saint-Marc était-elle parvenue à ce haut degré de prospérité et de puissance? Comment une république, fondée sur le commerce, pouvait-elle exciter l'ombrage des étrangers et des Italiens mêmes? « Unique par sa situation dans la mer, » et jouissant en même temps de la commodité des eaux et des » agréments de la terre, Venise, disait le doge Léonard Loredano » au sénat, Venise est également à couvert et des attaques du côté » de la terre et des insultes de la mer. Quelle magnificence dans » les édifices publics et particuliers! Quelle quantité de marbres et » de pierres rares apportés dans cette ville de toutes les parties du » monde, de colonnes superbes, de tableaux des plus grands maî» tres, de statues et de mosaïques! Quelle autre ville peut se glo» rifier comme Venise d'être l'abord des nations étrangères, que » le commerce ou les douceurs de la liberté attirent dans cet heu» reux pays? Voilà la source de l'opulence de nos citoyens et des » revenus immenses de la république; en effet, *les seuls droits » d'entrée de la ville de Venise surpassent de beaucoup les revenus » de plusieurs rois*.... Je passe sous silence la prodigieuse abon-

» dance qui règne continuellement dans une ville habitée par un
» peuple très-nombreux (1) et où cependant il ne croît rien de ce
» qui est nécessaire à la vie.... Cette république, d'abord renfer-
» mée dans les bornes étroites de ces stériles rochers, commença
» à s'étendre dans les mers voisines et dans les terres des environs
» par le courage et par la prudence de nos ancêtres. Elle poussa
» ensuite ses conquêtes dans des mers et des pays plus éloignés;
» enfin, après avoir pénétré jusqu'aux extrémités de l'Orient, elle
» s'est formé un si vaste et si puissant empire sur mer et dans le
» continent, et elle s'y maintient depuis si longtemps, qu'elle s'est
» rendue formidable à toute l'Italie... (2). »

C'est contre cette noble république, qui formait réellement le boulevard de l'Italie, que Jules II conçut le bizarre dessein de liguer Louis XII, Maximilien et Ferdinand d'Aragon, les trois princes qui se jalousaient et se détestaient le plus. Louis XII, entraîné par le cardinal d'Amboise, son premier ministre, accueillit avec empressement la proposition du pape. Maximilien, qui ne recherchait que l'occasion de s'établir fortement en Italie, adhéra également à ce projet, et avec plus de joie encore que son ancien antagoniste. Ferdinand seul répondit avec circonspection, mais de manière pourtant à laisser espérer son accession, si on lui présentait des avantages suffisants.

1508. Cependant Jules II, après avoir provoqué une coalition contre Venise, craignit de la voir se former, car s'il haïssait la grandeur de la reine de l'Adriatique, il avait une aversion plus vive encore pour la domination que les *Barbares* et les *Ultramontains*, comme il disait, pourraient exercer sur l'Italie. Mais Louis XII et Maximilien, séduits par la perspective de se partager les dépouilles de la république, firent bientôt un pas décisif en envoyant des plénipotentiaires dans la ville impériale et épiscopale de Cambrai. Louis XII se fit représenter par le cardinal d'Amboise, qui était accompagné d'Étienne de Poncher, évêque de Paris, et d'Alberto Pio, comte de Carpi. Maximilien, qui se trouvait alors au château

(1) On comptait dans Venise plus de 200,000 âmes.

(2) F. Guicciardin, *Histoire d'Italie*, liv. VIII, chap. IV. Ad. ann., 1509.

de Turnhout, délégua ses pouvoirs à Marguerite d'Autriche, sa fille, gouvernante des Pays-Bas; elle eut pour auxiliaires et coopérateurs Matthieu Lang, évêque de Gurk, secrétaire et principal confident de l'Empereur; Mercurin de Gattinare, premier président du parlement de Bourgogne; Jean Pieters, président du grand conseil de Malines; Jean Gosselet, abbé de Maroilles, et Jean Caulier, président du conseil privé. Elle devait en outre associer aux négociations l'évêque de Cambrai, Jacques de Croy, ainsi qu'Edmond de Wingfeld, ambassadeur d'Angleterre, et même l'envoyé du roi d'Aragon, s'il était autorisé à cet effet par son maître (1). Le projet de mariage entre le jeune archiduc Charles d'Autriche et la princesse Marie d'Angleterre, qui se débattait alors, assurait à Maximilien et à son petit-fils l'appui non équivoque de Henri VII, et allait faciliter les négociations de Cambrai (2). Il en était de même d'un autre projet, qui avait pour but d'unir Henri VII et Marguerite d'Autriche. Maximilien le préconisait avec chaleur, afin que sa fille pût gouverner à la fois l'Angleterre et les États de la maison de Bourgogne; les sentiments que Henri VII manifestait hautement pour Marguerite répondaient d'ailleurs aux espérances du chef de la maison d'Autriche (3).

(1) *Correspondance de Maximilien Ier*, etc., t. Ier, p. 101.

(2) Telle était l'appréciation de Marguerite d'Autriche elle-même. Ce projet de mariage, disait-elle, en 1515, à l'archiduc Charles, avait été conçu « affin de » povoir mieulx résister à nos ennemis publics et secrets... » et « au moyen du- » quel traictié, ajoutait-elle, tost après se ensuyvit le traictié de Cambray... » (*Corresp. de Marguerite d'Autriche*, t. II, p. 121. Voir aussi t. Ier, p 135.)

(3) Dans une lettre du 16 septembre 1507, Maximilien insistait fortement pour que sa fille épousât le roi d'Angleterre, à condition qu'il fût stipulé dans le contrat que Marguerite pourrait, comme gouvernante des Pays-Bas, résider dans ces provinces au moins quatre mois par an. « De cette façon, disait-il à sa » fille, vous gouvernerez Angleterre et la maison de Bourgogne... » L'Empereur faisait aussi remarquer que, par cet arrangement, Marguerite ne devait plus craindre d'être en quelque sorte prisonnière du roi d'Angleterre, renommé pour sa « tête dure. » (Voir *Corresp. de Maximilien Ier*, etc., t. Ier, p. 12.) -- Henri VII, qui désirait ardemment l'union proposée par Maximilien, ne rejetait point la condition à laquelle l'Empereur subordonnait son consentement. Dans une entrevue récente avec les envoyés de Maximilien et de Marguerite, il avait fait connaître sans détour l'affection qu'il éprouvait pour la sœur de Philippe le Beau.

Au mois de novembre 1508, Marguerite arriva à Cambrai avec une escorte de cent chevaux et une compagnie d'archers. La moitié de la ville était retenue pour elle et sa suite; l'autre moitié avait été mise à la disposition du cardinal d'Amboise. Le Sr de Chièvres et les autres membres du conseil des Pays-Bas accompagnèrent la princesse jusqu'à Valenciennes, et restèrent en cette ville pour y recevoir communication journalière de tout ce qui serait traité à Cambrai et en donner sur-le-champ leur avis. Maximilien lui-même devait se tenir à Malines, pour y traiter les affaires intérieures des Pays-Bas et se trouver à portée de sa fille, pendant les négociations dont elle était chargée (1). Ces négociations ne paraissaient avoir pour but que de préparer un accommodement entre le souverain des Pays-Bas et le duc de Gueldre et de déterminer les droits de suzeraineté que Louis XII revendiquait sur la Franche-Comté de Bourgogne et sur l'Artois. On transigea sur ces deux points pour ne pas dissoudre prématurément la ligue qui se formait. Les contestations relatives à la Gueldre devaient être soumises à un arbitrage; et, en attendant, le duché de Gueldre et le comté de Zutphen resteraient provisoirement entre

Les ambassadeurs s'exprimaient en ces termes : « Et après commença à parler de » l'alliance de mariage... disant comme ceux de son royaume l'avoient jà bien » fort presché d'entendre à soy allier, considérant qu'il n'avoit que ung fils » héritier, et en cas qu'il pleu à N. S. le prendre envers soy, sondit royaume en » pourroit avoir à souffrir. Mais de sa part, après avoir advisé à tout, *ne sçauroit* » *penser à quelle il se allieroit plus volontiers que à vous, nostre redoubtée* » *dame, saichant de vray que vous estes la princesse la plus douce de vertus* » *et grâce divine que nulle autre à son semblant*, et quant oires vous ne seriez » de si haulte lignée et descente comme vous estes, ce néanmoins *pour la grande* » *et non pareille valeur, qu'il cognoit estres en vous, il vous choisiroit et a* » *toujours choisie devant toutes autres*, etc. » Pour surmonter les hésitations de Marguerite, les ambassadeurs ne lui laissaient pas ignorer que le roi de France, de son côté, s'efforçait de négocier le mariage de Henri VII avec la comtesse d'Angoulême. (Dépêche d'André de Burgo, conseiller de l'Empereur, et de Georges de Themisecke, prévôt de Cassel, à Marguerite d'Autriche, Londres, 20 juillet 1508, dans la *Correspondance de Marguerite d'Autriche*, t. Ier, pp. 125 et suiv.)

(1) Le Glay, *Corresp. de Maximilien Ier* et *Négociations diplomatiques*, I, *passim*.

les mains de Charles d'Egmont (1). On convint, d'autre part, d'attendre la majorité de l'archiduc Charles pour régler les points litigieux qui se rattachaient à la suzeraineté de la Franche-Comté et de l'Artois : l'archiduc resterait paisible possesseur des terres qui en relevaient, et l'Empereur, de son côté, renoncerait au mariage de son petit-fils avec la princesse Claude, ne se prévaudrait pas des clauses finales stipulées dans le traité de Blois et donnerait au roi de France une nouvelle investiture du duché de Milan (2).

Le 10 décembre, Marguerite d'Autriche, le cardinal d'Amboise et l'ambassadeur du roi d'Aragon jurèrent solennellement, dans la cathédrale de Cambrai, l'observation du traité qu'ils venaient de conclure. On proclama qu'il y aurait paix et alliance perpétuelles entre le pape et tous les princes confédérés; mais on tint secrètes les vraies conditions de cette alliance et on dissimula soigneusement aussi le but que l'on se proposait d'atteindre.

Or, la ligue de Cambrai avait pour objet principal le démembrement et le partage des provinces de terre ferme et des autres acquisitions de la république de Venise (3).

(1) Il fut convenu également que Charles de Gueldre restituerait à l'archiduc Charles les places qu'il détenait en Hollande, tandis que l'archiduc, de son côté, remettrait les forteresses de la Gueldre qu'il occupait encore, jusqu'à ce que des commissaires spéciaux, délégués, d'un côté, par l'Empereur et le roi d'Angleterre, de l'autre, par les rois de France et d'Écosse, eussent statué sur le fond de l'affaire et les limites des deux États.

(2) Il fut même décidé que l'archiduc Charles ne devrait prêter hommage pour Flandre, Artois et Charolais, qu'après avoir atteint sa vingtième année.

(3) En effet, on avait stipulé : « Il y aura ligue et confédération entre le pape, » pour lequel le cardinal d'Amboise se fait fort, l'Empereur, les rois de France » et d'Aragon contre le doge et la seigneurie de Venise, pour le recouvrement » de ce qui a été enlevé à chacun des contractants. Jules II, Louis XII et Ferdi- » nand devront entrer en campagne le 1er avril suivant; et aucun d'eux ne » pourra se retirer de la ligue tant que le pape n'ait été remis en possession de » Ravenne, Cervia, Faenza, Rimini, Imola, Césène et leurs dépendances; tant » que l'Empereur ne soit maître de Roverédo, Vérone, Padoue, Vicence et Tré- » vise, le patriarcat d'Aquilée; tant que le roi de France ne soit rentré à Bres- » cia, Crême, Bergame, Crémone, la Ghierra d'Adda, usurpés sur le duché de » Milan; et enfin, tant que le roi d'Aragon n'ait recouvré ses places du royaume » de Naples, cédées jadis aux Vénitiens, telles que Trani, Brindes, Otrante, » Gallipoli, etc. » (*Negociations diplomatiques*, t. Ier, p. XCI.)

La discrétion des négociateurs avait été impénétrable. L'ambassadeur de Venise, Antoine Condelmerio, qui avait suivi le cardinal d'Amboise à Cambrai, écrivit même à la république qu'elle pouvait compter plus que jamais sur la protection de Louis XII. Les puissances liguées énoncèrent enfin l'intention d'unir leurs forces pour faire la guerre aux infidèles; et, reprochant aux Vénitiens les obstacles que ceux-ci avaient apportés à cette pieuse entreprise, en retenant les domaines du saint siége, elles ne se déterminaient, disaient-elles, à les contraindre de rendre ce qu'ils avaient usurpé, que dans la vue de le faire servir à la gloire et à la délivrance de la chrétienté (1).

Le roi d'Aragon avait ratifié le traité de partage, tandis que Jules II, le promoteur de la ligue, retombait dans ses hésitations. Il flottait entre l'envie de rentrer dans les places de la Romagne, retenues par les Vénitiens, et la crainte que lui donnaient le roi de France et l'Empereur. Il prit enfin une résolution étrange. Au moment où il se disposait à faire une promenade sur mer, il invita l'ambassadeur de Venise à se placer dans sa felouque; là, il ramena la conversation sur les villes qu'il réclamait, et, ne recevant que des réponses évasives, il se détermina à lui révéler tout le secret de la coalition formée contre la république. Il ajouta qu'il n'avait pas encore ratifié le traité, et promit non-seulement de ne point le ratifier, si, par la cession de Faenza et de Rimini, on lui offrait un prétexte pour se dédire, mais même de travailler à dissoudre la confédération, quand ce ne serait, disait-il, que pour empêcher en Italie l'agrandissement des *Barbares*, qui n'étaient pas moins à craindre pour le saint siége que pour les autres puissances (2).

1509. Lorsque l'ambassadeur eut communiqué au sénat la révélation inattendue du pape, deux avis furent émis sur la proposition de Jules II. Les uns pensaient qu'il importait beaucoup de détacher le pape des confédérés; les autres soutenaient que la restitution qu'il exigeait serait une tache à la gloire de la république. Ces

(1) *Histoire de Venise*, par Daru, liv. XXII.

(2) Guicciardin, *Histoire d'Italie*, liv. VIII, chap. Ier. — Daru, *Histoire de Venise*, liv. XXII.

derniers l'emportèrent après le discours de Dominique Trevisani, sénateur de grande autorité, et l'un des procurateurs de St-Marc. Suivant Trevisani, il n'y aurait aucun avantage pour Venise à détacher Jules II de la ligue; car, si on lui faisait une concession, il en réclamerait d'autres, en se réunissant de nouveau aux confédérés. Il fallait plutôt chercher à détacher Maximilien, à profiter de la jalousie de la France et de l'Autriche; il fallait aussi résister au premier choc, afin de donner le temps à cette confédération, composée de tant d'éléments incompatibles, de se dissoudre. Trevisani fit donc triompher dans le sénat la résolution de se défendre plutôt que de souscrire à des conditions déshonorantes. Mais en vain les Vénitiens, tout en faisant leurs préparatifs de guerre, cherchèrent-ils des alliés. Les Turcs mêmes, auxquels ils s'adressèrent, après avoir été repoussés par tous les princes de l'Europe, refusèrent de se déclarer formellement en leur faveur. Aux puissances coalisées contre elle, Venise opposait une armée de 30,000 hommes de pied et de 15 à 18,000 cavaliers. Une partie fut détachée pour garder les ports de la Pouille, les places de la Romagne et les passages du Frioul; le reste devait défendre les frontières de la république du côté du Milanais (1).

Au commencement d'avril (1509), Louis XII passa les Alpes. On évaluait les forces qu'il pourrait réunir sur l'Adda à 12,000 cavaliers environ et à 20,000 hommes d'infanterie, parmi lesquels on comptait 6,000 Suisses. Le sénat, au lieu de commettre le sort du pays au hasard d'une bataille, aurait voulu faire traîner la guerre en longueur, tout en disputant aux Français le passage de l'Adda, première ligne de défense de la république. Mais la bouillante ardeur d'Alviane, commandant en second de l'armée vénitienne, déjoua cette sage combinaison. Le 14 mai, une bataille décisive s'engagea près du village d'Agnadel, et la victoire resta aux Français, qui s'emparèrent presque sans coup férir de Brescia, de Bergame et de Pizzighitone (2). L'armée de la république recula jusqu'à

(1) *Histoire de Venise*, par Daru, liv. XXII.

(2) En faisant connaître à Marguerite les résultats de la victoire d'Agnadel, Maximilien s'exprimait en ces termes : « Nostre ambassadeur, messire Adrien de » Burgo, qui a esté présent à ceste bataille, nous escript qu'il y a veu bien IIII^m

Mestre, tandis que l'armée française s'avança jusqu'à Fusine, d'où Louis XII put contempler la superbe Venise, naguère au comble de la puissance et maintenant agitée par les plus tristes appréhensions. La bataille d'Agnadel semblait le signal de sa chute : partout, dans les provinces, se manifestait un abattement honteux; elles n'opposaient, en général, aucune résistance ni aux Français, ni aux Impériaux que le duc de Brunswick conduisit dans le Frioul, ni aux princes voisins, qui profitaient de la détresse de leur ancienne dominatrice.

Pour sortir de cette situation périlleuse, le sénat prit une résolution singulière, que les uns ont blâmée comme une lâcheté et que d'autres ont louée comme une mesure extrêmement habile : elle consistait à abandonner les États de terre ferme pour se réduire à l'empire de la mer (1).

En même temps, Venise redoublait d'efforts pour désunir les confédérés, exciter leur jalousie contre le roi de France, et isoler ce dernier, qui était redouté plus que les autres. La première tentative de la république près de l'Empereur avait échoué : Maximilien déclara qu'il ne se séparerait point de Louis XII. Le roi d'Aragon fut moins scrupuleux : en lui faisant remettre les ports de la Pouille, les Vénitiens s'assurèrent de son immobilité. Quant à Jules II, qui avait lancé à la fois contre Venise une bulle foudroyante et les troupes du duc de Ferrare, il fut très-surpris lorsqu'un secrétaire de la république vint donner l'ordre aux villes qu'elle tenait dans la Romagne de se soumettre volontairement au pape. L'abaissement de Venise affligeait profondément Jules II, dont

» morts. Par autres lettres que le maistre des postes de France a escriptes, nous » entendons qu'il y a de x à XII^{m} hommes que morts que prins, et que nostre » dit frère et cousin (Louis XII) a gaigné quarante pièces d'artillerie. Nous enten- » dons aussi la puissance desdits Vénitiens en ceste bataille avoir esté de XX^{m} » hommes, et des François d'ung peu plus. » (*Corresp. de Maximilien Ier*, etc., t. Ier, p. 140.)

(1) Voir Ancillon, *Tableau des révolutions du système politique de l'Europe*, 1re partie, 1re période, chap. VI. — On a prétendu que le principal motif du sénat fut d'ôter au roi de France l'occasion de songer à Venise, où l'oligarchie craignait que son approche ne causât quelque désordre. La ville était aussi remplie d'étrangers qui auraient saisi cette occasion de la piller.

l'ambition n'avait point étouffé le patriotisme. Il voulait agrandir le domaine de saint Pierre; mais il voulait aussi sauver l'Italie. Il résolut donc d'empêcher la ruine de Venise, de cette république que les patriotes considéraient comme « le siége de la liberté, l'hon- » neur de l'Italie et la seule puissance capable d'arrêter les ultra- » montains. » Il laissa voir le changement qui s'opérait dans sa politique, en consentant que Venise lui envoyât six des principaux sénateurs pour lui demander pardon et implorer l'absolution. Une concession si grande et si imprévue ayant excité les plaintes des représentants de Louis XII et de Maximilien, le pape, dissimulant un peu sa volonté désormais immuable, répondit qu'il recevrait les ambassadeurs du sénat, mais qu'il ne donnerait l'absolution qu'après que l'Empereur, le seul qui n'eût pas entièrement recouvré tout ce qu'il prétendait lui appartenir, n'aurait plus rien à désirer (1).

Il n'y avait pas d'ailleurs à se tromper sur les dispositions nouvelles de Jules II. Louis XII les avait devinées, lorsqu'il déclara qu'il s'en tiendrait au partage déterminé par le traité de Cambrai, et qu'il refusa de s'emparer de Vérone, de Padoue et de toutes les autres cités qui voulaient se donner à lui. Il exigea même que les clefs de Vérone et des autres villes, qui formaient le lot de l'Empereur, fussent portées à l'ambassadeur que Maximilien avait envoyé dans le camp français.

Jusqu'alors l'Empereur n'avait pas pris une part active et personnelle à cette grande lutte. Les contestations avec la Gueldre et le besoin d'argent l'avaient obligé à prolonger son séjour dans les Pays-Bas. Enfin, le 31 mars 1509, les états généraux, réunis à Anvers, votèrent un subside de 300,000 écus, en faveur de l'Empereur et de l'archiduc Charles, en considération des services rendus par le premier pour la défense du pays et la conclusion de la paix de Cambrai (2). Mais cette libéralité n'avait point réconcilié Maximilien avec les états, où des observations très-vives s'étaient fait jour au sujet de la direction des opérations militaires en Gueldre. En

(1) Guicciardin, liv. VIII, chap. III.

(2) En même temps une somme de 60,000 livres avait été accordée à l'archiduchesse Marguerite, pour la peine qu'elle avait prise en négociant la paix.

prenant congé de Marguerite d'Autriche, le 29 avril suivant, Maximilien, au comble du mécontentement, déclara même qu'il ne toucherait à la somme récemment votée en sa faveur que pour payer son voyage jusqu'à Worms. Dans une lettre bizarre et écrite sous l'impression d'un ressentiment très-vif, il se plaignait amèrement du mauvais vouloir des états, qui ne l'avaient point efficacement secondé dans la guerre de Gueldre, et de la déloyauté de Charles d'Egmont, qui transgressait sans cesse la trêve acceptée de part et d'autre. Il disait que Charles de Gueldre s'était moqué de lui, et annonçait l'intention de recourir au roi de France pour que ce prince fît observer le traité (1).

Telles étaient les dispositions de Maximilien, lorsqu'il retourna en Allemagne. Jules II, qui aurait voulu le voir en Italie pour qu'il servît de contre-poids aux Français, lui envoya 50,000 ducats, et lui permit de se servir de 100,000 autres ducats, qu'on gardait depuis quelque temps en Allemagne pour faire la guerre aux infidèles. Mais ces sommes n'avaient pas suffi pour rassembler une armée digne de l'Empereur. Tandis que les Français gagnaient la bataille d'Agnadel, Maximilien était à Inspruck, cherchant vainement à triompher des répugnances que l'Allemagne témoignait pour la guerre injuste et impolitique dirigée contre Venise. Il fit enfin partir le duc de Brunswick pour reprendre le Frioul, et lui-même se rendit à Trente. De là, il écrivit à Louis XII pour le remercier de ce que, par son moyen, il avait recouvré les places qui lui appartenaient; il lui mandait aussi que, voulant lui donner une preuve de sa reconnaissance et effacer entièrement la mémoire du passé, il avait fait brûler un livre que l'on conservait à Spire, et qui contenait toutes les injures faites par des rois de France aux Empereurs, à l'Empire et à la nation germanique (2).

Le cardinal d'Amboise alla trouver l'Empereur à Trente, le 15 juin, et lui promit, de la part du roi, 500 lances, formant 4,000 hommes (3). Maximilien reconnaissant lui conféra pour son maître

(1) *Corresp. de Marguerite d'Autriche*, etc., t. Ier, pp. 150 et suiv.

(2) Guicciardin, liv. VIII, chap. III.

(3) Une *lance fournie* était composée de huit hommes : un homme d'armes, deux archers et cinq chevau-légers.

une nouvelle investiture du duché de Milan, y compris les villes et terres reconquises (1). Un jour fut ensuite convenu pour une conférence entre l'Empereur et le roi en pleine campagne, auprès de la ville de Garde, sur les confins de leurs États. Louis XII s'y trouva au jour marqué; mais l'Empereur n'alla pas plus loin que Riva-di-Trento : après y avoir séjourné deux heures, il s'en retourna brusquement à Trente, et manda au roi que certains accidents nouvellement arrivés dans le Frioul l'obligeaient de partir. Il le priait, au surplus, de l'attendre à Crémone, parce qu'il reviendrait incessamment pour l'entrevue projetée. L'irrésolution témoignée par Maximilien en cette circonstance fut attribuée à des soupçons qu'il n'avait pas été difficile d'inspirer à l'ancien ennemi de la maison d'Orléans. Louis, mécontent de ces marques de défiance et désireux de repasser les monts, retourna à Milan sans vouloir attendre plus longtemps son allié (2).

Profitant des hésitations et de la faiblesse de Maximilien, les Vénitiens se remirent en possession de Padoue. A cette nouvelle, les paysans et le peuple du territoire récemment placé sous la domination impériale se soulevèrent également en faveur de la république, qui recouvra encore la ville et la citadelle de Legnago. La reprise de Padoue n'empêcha point le roi de France de repasser les Alpes, après avoir conclu avec Jules II, dans la ville de Biagrassa, un nouveau traité, par lequel ils se promettaient assistance mutuelle. Au fond, Louis XII, satisfait de ses conquêtes récentes, et redoutant au moins autant les succès de l'Empereur que la restauration de la puissance de Venise, désirait secrètement que Maximilien et la république eussent à soutenir l'un contre l'autre une longue guerre, qui les affaiblirait également. Il avait laissé, sur les confins du Véronèse, la Palice avec 4,000 hommes pour être employés, suivant les ordres de l'Empereur, à la conservation des conquêtes déjà faites et à enlever aux Vénitiens ce qu'ils possédaient encore. Après s'être assuré de Vérone, au moyen de ces troupes françaises qui renforcèrent la garnison, Maximilien proposa

(1) *Négociations diplomatiques*, etc., t. Ier. *Monumenta habsburgica*. Introduction, p. 105.

(2) Guicciardin, liv. VIII, chap. III.

de porter un coup décisif à la république, en assiégeant la capitale même. Mais si Louis XII parut goûter ce projet, Jules II le désapprouva, et Ferdinand d'Aragon s'y opposa formellement.

L'Empereur, ne pouvant assiéger Venise, se disposa à reprendre Padoue; mais, seize jours après avoir investi la place, lassé par la ferme résistance des Vénitiens et mal secondé par ses auxiliaires, il se retira avec toute son armée à Limini, sur le chemin de Trévise. Il campa ensuite en différents endroits et se rendit enfin à Vicence, d'où, après s'être fait prêter serment de fidélité par les habitants, il alla à Vérone. Tout en convenant qu'il aurait pu déployer plus d'activité, Maximilien se plaignait hautement du pape et du roi de France. Le premier, en consentant à recevoir les ambassadeurs de Venise, et le second, en envoyant trop tard ses secours, avaient fait croire, dans le monde, qu'il y avait de la mésintelligence entre eux et lui, ce qui avait, disait-il, encouragé les paysans à le contrecarrer et amené la perte de Padoue. Il prétendait aussi que le roi d'Aragon ne souhaitait rien tant que de le voir dans l'embarras, afin de le forcer à lui laisser la régence de Castille (1).

Après avoir encore manqué l'occasion de reprendre Legnago, Maximilien découragé se montrait disposé à conclure une trêve avec les Vénitiens. Mais ceux-ci fermèrent l'oreille à ses avances, et il retourna à Trente, mécontent de lui-même et presque brouillé avec ses alliés.

Les variations de Jules II allaient augmenter les divisions qui minaient la ligue. Malgré les vives remontrances des envoyés de Maximilien et de Louis XII, Jules voulait recevoir les ambassadeurs que Venise avait envoyés à Rome, et pardonner à la république. Il était secrètement encouragé dans ce dessein par l'envoyé du roi d'Aragon, jaloux des Français et hostile à Maximilien; ouvertement par l'archevêque d'York, représentant du nouveau roi d'Angleterre.

Le fondateur de la dynastie des Tudors était mort à Richmond,

(1) Guicciardin, liv. VIII, chap. IV. — Cf. Lanz, *Monumenta habsburgica*. Introduction, pp. 105 et suiv.

le 21 avril 1509, après un règne de vingt-trois ans, laissant son royaume florissant et respecté. Cupide, mais habile et prévoyant, Henri VII avait deviné et préparé, à certains égards, la grandeur future de son pays (1). Henri VIII, son successeur, décidé à prendre au dehors une attitude plus ferme, s'était empressé d'intervenir à Rome, afin de sauver Venise et de neutraliser les ambitieux projets des puissances coalisées contre cette république.

Mais déjà il était superflu de solliciter à cet effet l'altier Jules II. Non-seulement cet ancien ennemi de Venise était dès lors bien résolu à ne point la laisser succomber, mais, en outre, il voulait la sauver, en renversant la domination française en Italie. C'est pourquoi il chercha à s'allier étroitement avec le nouveau roi d'Angleterre, et à entretenir le mécontentement que les Suisses manifestaient contre Louis XII.

Ce monarque allait trouver un autre adversaire non moins tenace dans le roi d'Aragon. Louis XII et le cardinal d'Amboise s'étaient activement interposés pour aplanir le différend qui avait surgi entre Maximilien et Ferdinand le Catholique, au sujet de la régence de Castille. Mais du moment où Ferdinand vit ses espérances réalisées, dès l'instant où il n'eut plus rien à débattre avec l'Empereur, qui lui laissait la régence (2), il s'efforça également d'empêcher l'agrandissement des Français, dont la puissance lui paraissait redoutable pour le royaume de Naples.

Tandis que Maximilien obtenait à grand'peine de la diète de l'Empire, réunie à Augsbourg, un subside insuffisant pour continuer la guerre contre les Vénitiens, Jules poursuivait avec plus de har- 1510.

(1) Voir une appréciation judicieuse du caractère de Henri VII, dans l'*Histoire des causes de la grandeur de l'Angleterre*, etc., par Ch. Gouraud (Paris, 1856, 1 vol. in-8°), *passim*. — Henri VII n'avait pu amener Marguerite d'Autriche à partager son trône. A toutes les instances du roi, appuyées par celles de l'Empereur, la sage gouvernante des Pays-Bas, fidèle à la mémoire de Philibert de Savoie, avait opposé un refus respectueux.

(2) On convint que Ferdinand conserverait la régence tant qu'il n'aurait point d'enfants mâles, et jusqu'à ce que l'archiduc Charles eût atteint l'âge de vingt-cinq ans. Celui-ci ne devait point prendre le titre de *roi* du vivant de sa mère, dans la personne de qui résidait la royauté. D'autres stipulations allouaient une indemnité à Maximilien, et fixaient la dotation du prince de Castille.

diesse le plan qu'il s'était tracé. Non-seulement il avait ordonné au nonce Albertino Roboreo d'agir sur la diète pour empêcher l'octroi du subside, mais encore il s'était déterminé à se réconcilier tout à fait avec Venise. Lorsque les ambassadeurs de la république eurent accepté, le 24 février 1510, le traité que le pape leur proposait, Jules les reçut en grâce et leur donna solennellement l'absolution.

Les sujets et vassaux de l'église furent dès lors autorisés à se mettre au service des Vénitiens, et Jules II se brouilla ouvertement avec le duc de Ferrare, qui voulait rester fidèle à la ligue de Cambrai. Il alla plus loin encore. Il pressa Henri VIII de déclarer la guerre aux Français, et le roi d'Aragon fit les mêmes instances, mais avec plus de secret. En même temps, Mathieu Scheiner, évêque de Sion, dans le Valais, servait les desseins de Jules II en Suisse, en déclamant contre les Français dans les diètes et en chaire. Il engagea enfin ses compatriotes à recevoir du souverain pontife une pension annuelle de 1,000 florins du Rhin pour chaque canton, à condition qu'ils s'obligeraient de veiller à la sûreté du pape et des États de l'Église, et qu'ils lui permettraient de lever chez eux un certain nombre de fantassins pour s'en servir contre quiconque l'inquiéterait.

De l'aveu même du belliqueux pontife, la ligue de Cambrai n'existait plus et n'avait plus de raison d'être (1).

Dans ces circonstances périlleuses, Louis XII perdit le cardinal d'Amboise, le véritable chef du gouvernement français, le confident du roi, le directeur de sa politique, le ministre expérimenté qui suppléait, par sa fermeté et sa vigueur, à l'indécision et à la mollesse de son maître (2). Son successeur, Florimond Robertet, secrétaire des finances, n'avait aucune de ses grandes qualités, et on lui reprochait d'être intéressé et même vénal.

(1) Voir Guicciardin, liv. IX, chap. Ier.

(2) Le cardinal d'Amboise mourut à Lyon, le 26 mai 1510, dans le couvent des Célestins. André de Burgo, qui résidait alors auprès de Louis XII, en qualité d'ambassadeur des princes de la maison d'Autriche, en informant la gouvernante des Pays-Bas du décès du cardinal, lui disait : « Je vous promets que vostre maison y fait grande perte... » *Lettres de Louis XII*, publiées par Godefroy, I, 253.

Encouragé par la mort de Georges d'Amboise, Jules II entra plus avant dans le dessein qu'il avait formé de renverser la domination française en Italie et d'agrandir les domaines de l'Église. Il se proposa de faire occuper les États du duc de Ferrare en même temps que les Suisses envahiraient le Milanais, que la flotte de Venise attaquerait Gênes et que les troupes de la république reprendraient Vérone. Mais tout le fruit de ses desseins se réduisit à la surprise de Modène par les troupes papales.

Louis XII, irrité de l'agression du pontife, offrit à Maximilien non-seulement d'attaquer les Vénitiens plus vivement qu'il n'avait fait jusqu'alors, mais encore de l'aider à se rendre maître de Rome et de l'État de l'Église, comme appartenant de droit à l'Empire, et même de toute l'Italie, à l'exception du duché de Milan et des États de Gênes, de Florence et de Ferrare. Maximilien s'associa avec empressement à ces vues ambitieuses, et promit à Louis XII d'user de son influence sur le clergé d'Allemagne pour opposer au pape le concile qui était dans les vœux du monarque français. On disait hautement, au château de Blois, que Louis XII tirerait de Jules II une vengeance éclatante et glorieuse, ou qu'il perdrait le reste de ses possessions en Italie (1). Mais le pontife guerrier demeurait inébranlable. Malgré sa vieillesse et ses infirmités, il continuait avec ardeur ses préparatifs et proclamait que Dieu l'avait choisi pour être le libérateur de l'Italie. Au cœur de l'hiver (janvier 1511), on le vit assiéger la Mirandole en personne, et entrer 1511.
dans cette place par la brèche (2).

Malheureusement ce succès fut suivi d'un revers éclatant. Bologne se détacha de Jules II, et les Français, sous le commandement de Jean-Jacques Trivulzio, firent essuyer aux troupes papales une déroute complète. Cette victoire livrait à Louis XII Rome et tout l'État ecclésiastique : mais ce prince fut arrêté ou par ses scrupules religieux, ou par la crainte de soulever la chrétienté contre lui. Il ordonna à Trivulzio de laisser Bologne aux Bentivoglio, de

(1) Voir les lettres qui forment la 5me légation de Machiavel à la cour de France, notamment la dépêche datée de Blois, 22 juillet 1510.

(2) Guicciardin, liv. IX, chap. III.

rendre à l'Église toutes les conquêtes faites sur elle et de ramener l'armée dans le Milanais.

Il voulait que le concile, qui venait enfin de se réunir à Pise, fût l'arbitre de sa querelle avec le pape. Mais cinq cardinaux seulement s'étaient détachés de Jules II; et, d'un autre côté, Maximilien n'avait envoyé à cette assemblée, ni évêques allemands, ni commissaires, tandis que tous les évêques de France avaient reçu l'ordre de s'y rendre en personne ou par procureurs (1). Jules II, redoublant d'énergie, jeta l'interdit sur la ville de Pise, et à l'assemblée incomplète, qu'il appelait dédaigneusement le *conciliabule de Pise*, il résolut d'opposer un concile universel, qu'il convoqua dans l'église de Saint-Jean de Latran, à Rome, pour le 1er mai 1512.

Il venait aussi de conclure avec le roi Ferdinand d'Aragon et la république de Venise un traité, auquel les confédérés donnèrent le nom de *sainte Ligue*. Arrêtée de concert avec le cardinal d'York, ambassadeur de Henri VIII, cette confédération, à laquelle on espérait de rallier Maximilien, avait pour objet apparent la défense de l'unité de l'Église et la restauration de l'État ecclésiastique : en réalité, elle était dirigée contre la France. Elle fut publiée dans l'église de Santa-Maria del Popolo, le 5 octobre 1511, en présence du pape et de tous les cardinaux qui étaient alors à la cour de Rome (2).

Les Suisses arrivaient pour seconder les desseins de Jules II. Ils entrèrent en Italie au nombre de plus de seize mille combattants, avec la résolution de rétablir Maximilien Sforze dans le duché de Milan. Louis XII avait nommé gouverneur de la Lombardie son neveu Gaston de Foix, duc de Nemours (3), et ce jeune héros (il n'avait que vingt-trois ans) devait bientôt égaler les plus illustres capitaines. Il parvint, par une marche habile, à couvrir la ville de

(1) Guicciardin, liv. X, chap. Ier. Il dit ailleurs des cardinaux dissidents : « Sous » couleur de procurer le bien public, les cardinaux ne songeaient qu'à leurs » intérêts particuliers, et aspiraient au pontificat, ayant eux-mêmes plus grand » besoin de réforme que ceux qu'ils voulaient réformer. » *Ibid.*, liv. X, chap. II.

(2) Guicciardin, liv. X, chap. II.

(3) Il était frère de Germaine de Foix, seconde femme de Ferdinand, roi d'Aragon.

Milan, qui était sans moyen de défense, et força même les Suisses de repasser leurs montagnes. Il obligea ensuite l'armée de la ligue à lever le siége de Bologne; puis, après avoir encore reconquis Brescia occupée par les Vénitiens, il se dirigea sur Ravenne, où se trouvait une garnison pontificale et espagnole. Mais à peine ses troupes avaient-elles livré un premier assaut que l'armée de la ligue arriva au secours de la place. La bataille s'engagea le jour de Pâques, 11 avril 1512, et Gaston de Foix, victorieux, mourut au 1512.
sein de son triomphe. Comme il chargeait impétueusement les Espagnols qui se retiraient, il fut enveloppé, renversé de son cheval et abattu à coups de piques.

Tandis que cette mort funeste ébranlait la fortune de la France en Italie, Jules II ouvrait le concile qu'il avait convoqué dans Saint-Jean de Latran, Henri VIII adhérait formellement à la *sainte Ligue*, et l'Empereur lui-même rompait son alliance avec Louis XII. C'était en effet une véritable rupture que de permettre aux Suisses de traverser ses États pour marcher au secours du pape, et d'ordonner aux lansquenets du Tyrol de quitter le service du roi de France (1).

Obligé de diviser ses forces pour faire face à ses ennemis en deçà et au delà des Alpes, Louis XII ne peut plus défendre ses conquêtes d'Italie. La plupart des places tombent successivement au pouvoir des alliés ou se soulèvent aux cris de : Vive l'Empire! Bientôt il ne reste plus aux Français que Brescia, Crême, et les châteaux de Milan et de Crémone. D'un autre côté, le pape avait recouvré Bologne ainsi que toutes les villes et les places fortes de la Romagne. Maximilien Sforze reprend possession du Milanais, les Médicis sont rétablis à Florence, et Gênes, qui s'était également insurgée contre les Français, redevient une libre république comme Venise. Partout se montre l'influence de Jules II et triomphe sa politique. S'il ne parvient point à rétablir la paix entre l'Em-

(1) Quant à Henri VIII, il fit déclarer à Louis XII, par un héraut, que tous leurs traités étaient rompus, attendu qu'il y était clairement exprimé qu'on ne ferait point la guerre à l'Église ni au roi catholique. On sait que Ferdinand d'Aragon était le beau-père de Henri VIII, celui-ci ayant épousé Catherine d'Aragon, veuve de son frère aîné et sœur de la mère de Charles d'Autriche.

pereur et Venise, il obtient du moins de Maximilien Ier, qu'il reconnaîtra le concile de Latran et se déclarera contre la France.

Mais le pape, victorieux de Louis XII, n'était pas encore satisfait. Après avoir renversé la domination française en Italie, il aspirait à soustraire celle-ci au joug espagnol. Il voyait avec déplaisir la puissance croissante de Ferdinand, qui, tout récemment encore, avait profité du soulèvement général contre le roi de France pour attaquer déloyalement Jean d'Albret, et enlever la Navarre à ce prince, un des plus fidèles alliés de Louis XII (1). Jules ne disputait point la Navarre à Ferdinand, mais il songeait à le repousser de l'Italie et à lui enlever le royaume de Naples, afin de faire cesser entièrement le règne des *Barbares*. Ce fut au milieu de ces projets
1513. que la mort vint le surprendre, le 21 février 1513. Il faut voir en lui non-seulement un des plus ardents promoteurs de l'indépendance italienne, mais encore et surtout le pontife militant qui sut consolider l'État de l'Église, agrandi par sa politique et ses travaux (2).

Le 11 mars, le cardinal Jean de Médicis, alors âgé de trente-six ans, fut créé pape d'une commune voix par les vingt-quatre cardinaux qui s'étaient réunis en conclave. A un pontife guerrier, violent, impétueux, inflexible dans ses desseins, succédait un pontife diplomate, intelligent, spirituel, modéré et de mœurs irréprochables (3); au belliqueux Jules II le pacifique Léon X. Ce n'est pas toutefois que le nouveau pape fût disposé à renoncer brusquement à la politique nationale de son prédécesseur. Mais, quoiqu'il eût écrit au roi d'Angleterre qu'il maintiendrait la ligue faite contre la France, cette coalition était bien ébranlée par la mort de Jules. Léon refusa de ratifier un traité conclu à Malines, le 5 avril, entre Marguerite d'Autriche, au nom de son père, et les ambassadeurs de Henri VIII, traité qui l'eût obligé à faire envahir par

(1) Il convient d'ailleurs de lire le mandement par lequel Ferdinand le Catholique entreprit de justifier la conquête de la Navarre. Cette proclamation est datée de Burgos, 30 juillet 1512, et insérée dans les *Papiers d'État du cardinal de Granvelle*, t. Ier, p. 76.

(2) Dans son *Histoire de la Papauté*, Ranke dit que Jules II doit être regardé comme le fondateur de l'État de l'Église.

(3) C'est un hommage que lui rend Guicciardin, liv. XI, chap. IV.

les troupes papales la Provence ou le Dauphiné. De même, le roi d'Aragon désavoua son ambassadeur, lorsque celui-ci eut confirmé à Londres ce même traité, qui lui imposait des obligations analogues et tout aussi impérieuses (1). Il conclut avec Louis XII une trêve pour leurs États situés au delà des Alpes; et les Vénitiens, de leur côté, se réconcilièrent tout à fait avec celui qui avait été leur plus redoutable ennemi. Le traité, signé à Blois, le 28 mars, fut ratifié, à Venise, le 11 avril. La république devait aider Louis XII pour qu'il rentrât en possession du Milanais et de Gênes, et le roi appuyerait les Vénitiens pour qu'ils pussent recouvrer leurs places de terre ferme occupées par les Impériaux.

Le successeur de Charles VIII se proposa de reconquérir immédiatement la Lombardie et de devancer ainsi les Anglais, qui devaient, en débarquant à Calais, tenter d'envahir la France. Louis de la Tremoille, aidé par Trivulce et Robert de la Marck, fut chargé de conduire la nouvelle expédition. Asti, Alexandrie, Milan, Gênes, firent leur soumission, mais Novare, où Maximilien Sforze s'était enfermé avec une forte garnison suisse, opposa une résistance si vigoureuse que la Trémoille renonça à son entreprise. Alors les Suisses sortirent de Novare (le 6 juin, après minuit) au nombre de dix mille hommes, pour attaquer les Français campés sur le chemin de Trocato, dans leur retraite vers le Riotta. « Jamais, dit Guic- » ciardin, la nation helvétique ne forma d'entreprise plus fière ni » plus hardie. Une poignée de soldats sans cavalerie et sans canon » allait assaillir une armée nombreuse, abondamment pourvue de » l'une et de l'autre. Les Suisses triomphèrent; cette victoire fit » grand bruit dans toute l'Europe : on alla jusqu'à soutenir que

(1) Le traité de Malines du 5 avril 1513, portait en substance : « que, dans » trente jours après la signature des articles, chacun des confédérés déclarerait » la guerre au roi de France et la lui ferait dans deux mois hors de l'Italie, » savoir : le Pape en Provence ou en Dauphiné, l'Empereur en Bourgogne, le » roi d'Aragon en Béarn ou en Guienne, en Normandie ou en Picardie; que, » pour subvenir aux frais de la guerre, le roi d'Angleterre ferait compter » 100,000 écus d'or en trois termes. » L'opposition de Léon X et du roi Ferdinand empêcha que ce traité reçût son exécution entière. Cf. *Monumenta habsburgica*. Introduction, pp. 150 et suiv.

» la hardiesse de l'entreprise, le mépris marqué de la mort, l'ex-
» trême valeur des Suisses dans la mêlée et le bonheur de leurs
» armes étaient bien au-dessus des plus grands efforts de la valeur
» grecque et romaine (1). » Mais il se passa aussi dans les rangs des Français des actions dignes de l'antiquité. Averti que ses deux fils, les seigneurs de Fleuranges et de Jamets, tout couverts de blessures, avaient été laissés parmi les morts, Robert de la Marck, suivi de sa compagnie de cent hommes d'armes, marche droit à l'ennemi, renverse tout ce qui s'oppose à son passage et parvient jusqu'au lieu où étaient ses deux fils, qui nageaient dans leur sang. Bravant les dangers qui l'environnent, il charge l'aîné sur son cheval et met l'autre sur celui d'un de ses hommes d'armes, puis une seconde fois il se fait jour au travers des Suisses (2). Les vaincus de Novare se réfugièrent en Piémont d'où ils repassèrent les Alpes, et le Milanais retomba sous le pouvoir de Maximilien Sforze.

Henri VIII, qui avait montré tant d'aversion contre la France, se proposait de faire déchoir cette puissance rivale du rang qu'elle occupait depuis Louis XI et Charles VIII. Non-seulement il se plaisait à voir la domination française ruinée au delà des Alpes, mais encore il se proposait de lui enlever la Normandie (3). De leur côté, Maximilien Ier et Marguerite d'Autriche, quoique très-intéressés à maintenir la neutralité des Pays-Bas, ne voulaient pas non plus laisser échapper cette occasion de se venger de la maison de France. Ils étaient donc fermement résolus, comme tuteurs de l'archiduc Charles, sinon à entrer dans la coalition formée contre Louis XII, du moins à favoriser secrètement ses ennemis, et surtout les Anglais.

Les contestations au sujet de la Gueldre étaient une cause permanente d'aigreur entre les cours de Blois et de Malines. Maximilien et Marguerite auraient voulu annexer cette belle province aux autres possessions de l'archiduc Charles, tandis que Louis XII n'avait nullement le dessein d'abandonner un de ses alliés les plus

(1) *Histoire d'Italie*, liv. XI, chap. V.

(2) *Mémoires de Du Bellay*, t. Ier, p. 24.

(3) Francesco Vettori, ambassadeur de la république de Florence, à Rome, à N. Machiavelli (12 juillet 1513). *Œuvres de Machiavel.*

fidèles et les plus utiles. Le traité de Cambrai n'avait, en définitive, été respecté par aucune des parties; Charles d'Egmont et Marguerite d'Autriche s'accusaient réciproquement d'avoir violé la trêve, et ils pouvaient l'un et l'autre ne pas avoir tort (1). Les deux partis avaient repris les armes, et les Gueldrois ne cessaient d'attaquer la Hollande et d'inquiéter le Brabant. Marguerite, ne pouvant abattre son redoutable adversaire, espéra l'amuser par de nouvelles négociations. Cédant à ses instances réitérées, Maximilien donna, en 1510, mais non sans répugnance, son assentiment à un projet de mariage d'Isabelle d'Autriche, sa petite-fille, avec Charles d'Egmont.

Il devait être stipulé que l'empereur ainsi que l'archiduc Charles, son petit-fils, conserveraient les titres de duc de Gueldre et de comte de Zutphen, attendu que ces pays devaient leur échoir au cas où du mariage projeté ne proviendrait pas d'hoir mâle. En considération d'un traité qui allait décharger les habitants des Pays-Bas des grandes dépenses nécessitées par la guerre de Gueldre, Maximilien espérait bien obtenir des états, sa vie durant, 50,000 livres, « à payer par égale portion aux deux foires d'Anvers. » Mais les circonstances n'étaient pas assez favorables pour que Marguerite osât présenter cette requête aux états (2).

Le projet, dont elle avait pris l'initiative, fut d'ailleurs abandonné par elle lorsqu'elle eut appris que Henri VIII ne le goûtait point et considérait même un tel accommodement comme peu honorable pour la maison d'Autriche. Elle déclarait, ce qui était faux, que, en proposant ce mariage, elle n'avait fait qu'obéir aux ordres de l'Empereur (3).

(1) Voir, à cet égard, la lettre écrite de Blois, le 21 et le 22 février 1510, par André de Burgo, ambassadeur de Maximilien Ier, et adressée à Marguerite d'Autriche, ainsi que la dépêche par laquelle Maximilien lui-même s'adresse à Louis XII, afin qu'il intervienne pour que Charles de Gueldre restitue la ville de Harderwyck dont il s'est indûment emparé, ou que le roi de France lui ôte sa pension et le casse comme chef d'une de ses compagnies d'ordonnance. *Négociations diplomatiques*, etc., t. Ier, pp. 377 et suiv.

(2) *Correspondance de Maximilien Ier*, etc., t. Ier, pp. 245, 255, etc., et *Correspondance de Marguerite d'Autriche*, t. Ier, pp. 177 et suiv.

(3) *Correspondance de Marguerite d'Autriche;* lettre au roi d'Angleterre (février 1511), t. Ier, p. 247.

La reprise des hostilités avec la Gueldre excita, comme il était à craindre, le plus vif mécontentement, surtout dans les états de Brabant, qui se montrèrent très-mal disposés à voter de nouveaux subsides. On faisait retomber sur Marguerite d'Autriche, trop docile, disait-on, à suivre les instructions de l'Empereur, la responsabilité de cette guerre, et sa popularité en souffrit beaucoup. On tenait contre elle des discours séditieux; on affichait aux portes des églises des placards où cette princesse était violemment attaquée; on cherchait enfin à provoquer contre elle un mouvement populaire. De son propre aveu, la gouvernante ne savait plus quel tour donner aux affaires, à cause du mauvais vouloir de ceux qui l'entouraient et de la pénurie des finances (1).

Marguerite reprochait à Louis XII d'accorder à Charles de Gueldre plus de faveur que ne comportait le traité de Cambrai et, à l'appui de ses plaintes, elle adressa au monarque copie d'une lettre anonyme qu'elle avait reçue sur ce sujet. Louis voulut connaître l'accusateur et dit que, s'il était d'un rang égal au sien, il l'enverrait défier, et que si le personnage était d'un ordre inférieur, il ne manquerait pas en France de gentilshommes pour lui demander raison. Mais cette déclaration ne rassura point la régente. Elle était, au contraire, bien convaincue que Louis XII ne cesserait jamais d'aider et de favoriser Charles de Gueldre, et qu'il ne l'abandonnerait jamais, quoi qu'il lui en dût coûter. Aussi stimulait-elle son père pour que l'entreprise hostile de Henri VIII contre la France fût encouragée par la maison d'Autriche. Maximilien ne demandait pas mieux; il ne s'agissait pour lui que de mettre sa conscience en repos : il finit par tout concilier en déclarant, d'après les suggestions de sa fille, qu'il était, comme empereur, l'allié du roi d'Angleterre, mais que, comme tuteur de Charles, il resterait uni avec le roi de France (2).

Par une lettre écrite d'Étampes le 26 mai 1513 et adressée directement à l'archiduc, Louis XII se plaignit vivement de l'assis-

(1) *Lettre de Marguerite à Maximilien* (avril 1512), dans la *Correspondance de Marguerite d'Autriche*, t. II, p. 3.

(2) Maximilien à Marguerite, Augsbourg, 17 mai 1513. *Ibid.*, t. II, p. 78.

tance que le gouvernement des Pays-Bas prêtait aux Anglais, en mettant à leur disposition des cavaliers du Hainaut et du Brabant ainsi que des navires de Hollande et de Zélande. « Si vous étiez en » âge, lui disait-il, je crois certainement que vous me serviriez plutôt » et assisteriez contre lesdits Anglais. Et comme vous êtes pair de » France, sorti de ladite Couronne et vassal d'icelle, je vous en pour- » rais sommer et requérir; mais considérant votre âge, je ne l'ai » voulu faire (1). » Marguerite d'Autriche ne tint aucun compte de cet avertissement. Elle se vanta même plus tard d'avoir volontiers aidé les Anglais dans leur entreprise contre la France, à cause du grand bien qui devait, disait-elle, en résulter pour la maison d'Autriche (2). Ce qui d'ailleurs mettait la gouvernante plus à l'aise, c'était une trêve de quatre années qu'elle était enfin parvenue à conclure, moyennant des conditions peu favorables, avec Charles de Gueldre. Cet armistice devait prendre cours à partir du 10 août 1513.

Le 1er juillet, Henri VIII, après avoir nommé Catherine d'Aragon régente du royaume d'Angleterre pendant son absence, débarqua à Calais avec sa cour et les archers de sa garde. Aux troupes anglaises, qui passèrent successivement le détroit pour se rassembler sur les frontières de la Picardie, vinrent se joindre les Impériaux. Le total de ces forces s'éleva à quarante-cinq mille fantassins et à sept ou huit mille chevaux. Maximilien lui-même accourut dans le camp de Henri VIII, non pour partager le commandement avec lui, mais pour l'aider de ses conseils et le servir comme volontaire. C'était le plus grand honneur que le monarque anglais pût espérer (3).

Les Anglais assiégèrent et démantelèrent Térouane, après avoir battu à Guinegate l'armée française qui avait voulu secourir cette place importante. Mais, au lieu d'achever ensuite la conquête de

(1) Archives du royaume. *Documents historiques*, t. Ier. — *Correspondenz des Kaisers Karl V*, t. Ier, p. 1.

(2) Marguerite à Charles d'Autriche, 20 août 1515, dans la *Correspondance de Marguerite d'Autriche*, t. II, p. 123.

(3) Voir, à ce sujet, une lettre très-intéressante adressée, le 25 août 1513, par Catherine d'Aragon à Th. Wolsey. H. Ellis, *Original letters illustrative of english history*, (London, 1825), 1re série, t. Ier, p. 84.

la Picardie, ils résolurent de tourner leurs forces contre Tournai, qui avait fait autrefois partie de la Flandre. Maximilien, qui les entraînait dans cette expédition, avait l'espoir que Tournai serait rendu tôt ou tard à son petit-fils, souverain des Pays-Bas. Ce calcul, quoique d'abord déjoué, devait être justifié un jour. Les Anglais s'avancèrent donc contre Tournai. La ville menacée était alors sans garnison royale, et, malgré les instances de Louis XII qui offrait des troupes et des vivres, la bourgeoisie riche et dominante avait engagé le magistrat à ne point avoir recours aux Français. L'exclusion d'une garnison royale fut même stipulée dans un traité d'*assurance* conclu avec Maximilien, à l'instigation de ce patriciat bourgeois qui craignait, si la ville faisait résistance, de voir confisquer les rentes qu'un certain nombre de notables possédaient sur Bruges, Gand, Valenciennes et d'autres villes soumises à l'autorité du chef de la maison d'Autriche. Le 15 septembre, les Anglais et les Impériaux dressèrent leurs tentes devant Tournai, et, le 21, la cité se rendit à Henri VIII, en sa qualité de *roi de France*. Les députés de la bourgeoisie furent reçus dans une vaste tente de drap d'or, où le monarque anglais les attendait, ayant autour de lui cent chevaliers et douze cents gardes. On convint que les bourgeois auraient vies et bagues sauves, mais en payant cent mille ducats pour se racheter du pillage, et qu'ils recevraient une garnison anglaise de sept mille hommes d'infanterie et de trois cents cavaliers. Le 25, Henri VIII, toujours en qualité de roi de France, fit son entrée solennelle dans la ville : il ordonna la construction d'une citadelle et disposa du siége épiscopal en faveur de Wolsey, son très-influent aumônier et ministre, tandis que Louis Gaillart, qui avait été élu par le chapitre, cherchait un refuge à la cour de France (1).

A la fin d'octobre, Henri VIII, après avoir laissé dans Tournai une garnison de 12,000 hommes, se rembarqua à Calais, sans avoir su profiter de toute la supériorité de ses forces (2). Les

(1) *Mémoires* de Du Bellay, t. Ier, p. 57. — *Histoire de Tournai et du Tournésis*, par Chotin, t. II, *passim*. — Guicciardin, liv. XII, chap. Ier. — Simonde de Sismondi, *Histoire des Français* (Paris, 1835), t. XVI, p. 55.

(2) La neutralité des Pays-Bas, d'ailleurs plus apparente que réelle, n'avait pas été respectée. Les Français firent des courses et commirent de grandes dévas-

Suisses, plus redoutables que les Anglais, n'avaient pas non plus exécuté leurs menaces. Au nombre de quatorze ou quinze mille, ils s'étaient jetés en Bourgogne où ils avaient été rejoints par la gendarmerie de la Franche-Comté et un certain nombre de cavaliers allemands commandés par Ulric, duc de Wurtemberg. Ces troupes parurent à la vue de Dijon où Louis de la Trémoille s'était enfermé avec mille lances et 6,000 hommes d'infanterie. Désespérant de défendre la place, la Trémoille, sans attendre les ordres du roi, convint avec les assiégeants que ce prince céderait ses prétentions sur le Milanais et qu'il payerait aux Suisses 400,000 écus en différents termes. On leur en donna 20,000 sur-le-champ, et, en outre, des otages pour la garantie de la convention. A ces conditions les Suisses s'engagèrent à se retirer dans leur pays, et ils reprirent effectivement la route de leurs montagnes. On prétend que, après la prise de Dijon, les Suisses auraient pu pénétrer sans obstacle jusqu'aux portes de Paris. Quelque utile cependant qu'eût été la convention conclue par la Trémoille pour amortir l'ardeur des Suisses, Louis XII refusa de la ratifier (1).

Mais, d'autre part, il se réconcilia avec le pape Léon X, en abjurant le concile de Pise; avec le roi d'Aragon, en lui laissant la Navarre et, par l'influence de ce dernier, il se rapprocha même de l'Empereur, en ne disputant plus le Milanais à Maximilien Sforze. Tous les efforts de Louis XII tendaient alors à dissoudre l'étroite alliance de la maison d'Autriche avec l'Angleterre. Pour renverser cette confédération toujours menaçante, il trouva en Ferdinand un utile auxiliaire, et ce fut, d'après les instigations de l'ambassadeur de ce prince, que de nouveaux projets d'alliance matrimo-

tations dans le Hainaut, « se renommant Escossois (alors en guerre avec Henri VIII) et disant que tout ainsi que nos gens sont aux Anglois, ils sont auxdits Escossois. » Marguerite d'Autriche à l'Empereur, mai 1513, dans la *Correspondance de Marguerite*, t. II, p. 80. Le comte Henri de Nassau dut se rendre sur la frontière pour résister aux agresseurs, et même appeler à son aide une partie de la garnison anglaise de Tournai. Marguerite à l'Empereur, 12 juin 1514. *Oper. cit.*, t. II, p. 99. Du reste, on rédigea un mémoire des griefs imputés à la France, à l'occasion de la descente des Anglais et du secours qu'ils auraient reçu dans les Pays-Bas. *Négociations diplomatiques*, t. Ier, p. 576.

(1) *Mémoires* de Du Bellay, t. Ier, p. 55. — Guicciardin, liv. XII, chap. Ier.

niale furent adressés à l'Empereur. Louis XII offrait de conclure le mariage de Renée de France, sa seconde fille, avec l'archiduc Ferdinand, et d'assurer à celui-ci une dot dans le duché de Milan et la seigneurie de Gênes (1).

1514. Marguerite d'Autriche conjura son père de point prêter l'oreille à des propositions qui lui paraissaient insidieuses, et, au lieu d'imiter la conduite égoïste du roi d'Aragon, de maintenir inébranlablement l'alliance anglaise de laquelle on pouvait espérer la restitution du duché de Bourgogne et un accroissement de puissance pour les Pays-Bas (2). Malheureusement, la mort d'Anne de Bretagne, survenue le 9 janvier 1514, ne tarda point à modifier les relations des divers États et à imprimer, momentanément du moins, une autre direction à la politique de Henri VIII.

Au mois de mai, le mariage si longtemps différé de la princesse Claude avec François d'Angoulême, fut enfin célébré. On considérait ce prince comme l'héritier présomptif de la couronne de France. Cependant Louis XII, quoique valétudinaire et infirme, songeait à prendre une nouvelle épouse. Bientôt même le bruit fut répandu à Londres que Marguerite d'Autriche avait fixé le choix de Louis et deviendrait reine de France. Quelque chimérique que

(1) Dans une lettre du 24 février 1513 (v. st.), adressée à Maximilien, Marguerite d'Autriche précise les propositions dont Quintana, ambassadeur du roi d'Aragon à la cour de Louis XII et auprès de l'Empereur, s'était fait l'organe en les appuyant. « Le roy de France, dit l'archiduchesse, offre au Roi Catolique » le mariage de sa fille Mme Renée, et de l'infant don Fernando avec la quictance » de Naples et du chasteau de Gennes, aussy de la duché de Millan, et que » semblablement il offre pour sûreté luy délivrer la fille en ses mains avec plu- » sieurs bonnes et grandes paroles. » *Négociations diplomatiques*, etc., t. Ier, p. 569.

(2) Marguerite d'Autriche écrivit à l'Empereur, son père, trois lettres extrêmement remarquables pour le détourner du traité de paix avec la France et l'engager à rester uni avec Henri VIII. Le 14 février, elle lui disait : « Si le Roy » Catolique est celluy de vous trois qui plus facilement s'incline à ceste paix et » y vouldroit induire les aultres, ce n'est pas merveille ; car il a ce qu'il demande; » mais vous ny le roy d'Angleterre ne l'avez pas. . » Le 24 février elle ajoutait : » ...... Entre le Roy Catolique et France il y a de grandes montaignes, entre » France et Angleterre est la mer ; mais entre ces pays et France n'y a point de » séparation ; et vous scavez la grande et invétérée inimitié que les François por-

fût ce projet, car l'aversion de Marguerite pour le mariage et la maison de France était désormais insurmontable, Henri VIII s'alarma des rumeurs qui étaient venues jusqu'à lui. Telle fut son irritation qu'il ouvrit l'oreille aux propositions du duc de Longueville, prisonnier en Angleterre depuis la bataille de Guinegate, où il avait été vaincu. Ce personnage, impatient de sortir de captivité, alla jusqu'à demander pour son maître la main de la princesse Marie, fille cadette de Henri VII. Agée de seize ans et douée d'une beauté merveilleuse, Marie d'Angleterre était depuis 1508 fiancée à Charles d'Autriche, et elle portait même le titre de princesse de Castille (1). Malheureusement, des observations dilatoires, soulevées dans le conseil des Pays-Bas au sujet du douaire de la future reine, avaient refroidi les rapports de Henri VIII avec Maximilien et Marguerite d'Autriche (2). D'un autre côté, le projet de 1508 avait toujours excité la jalousie de la cour de France, et à tel point que, lorsque Louis XII fiança sa fille Claude avec François d'Angoulême, il déclara qu'il agissait ainsi parce que l'empereur Maximilien recherchait pour son petit-fils la main de la princesse d'Angleterre. Informée des négociations nouvelles qui se poursuivaient à Londres, Marguerite d'Autriche s'empressa d'envoyer

» tent à ceste maison (de Bourgogne). » Marguerite mettait ensuite l'Empereur en garde contre certains conseillers (elle faisait allusion au Sr de Chièvres), qui se proposaient de rompre l'*amitié d'Angleterre*, et qui, pour parvenir à leurs fins, cherchaient à la calomnier et à lui faire ôter le gouvernement des Pays-Bas. Enfin, le 6 mars, elle lui dit : « Le bien commun de vous et de M^r mon nepveu » et des rois d'Aragon et d'Angleterre est de demeurer unis; » et elle lui représente que, en faisant marcher les armées, selon ce qui avait été convenu avec Henri VIII dans l'entrevue qu'ils avaient eue à Tournai, c'était le moyen « d'avoir plus seure, plus durable, plus honnourable et proufitable paix que à » présent. » Elle le conjurait, en tout cas, de ne pas conclure cette paix sans stipuler formellement la restitution du duché de Bourgogne. *Négociations diplomatiques*, etc., t. Ier, pp. 564, 569 et 572.

(1) De son côté, Henri VIII, dans ses lettres à Marguerite d'Autriche, appelait le prince de Castille « nostre cousin et beau-frère. » Voir *Négociations diplomatiques*, etc., t. Ier, p. 557. — C'était Jean, S^gr de Berg-op-Zoom et de Walhain, qui avait reçu (17 décembre 1508), comme fondé de pouvoirs de Maximilien, les fiançailles de l'archiduc Charles et de la princesse Marie d'Angleterre.

(2) *Original letters*, etc., t. Ier, p. 114.

Jacques de Thiennes vers Henri VIII pour lui rappeler ses engagements. Mais cette mission n'eut aucun résultat. Le traité d'alliance avec la France fut signé le 7 août 1514. Malgré les excuses apportées par Richard de Wingfeld, Marguerite vit cette défection avec un déplaisir extrême et fut loin d'approuver l'Empereur, lorsque, le 1er octobre, celui-ci consentit que l'archiduc Charles fût compris dans le traité d'alliance annexé au traité de mariage (1).

Neuf jours après, Louis XII et Marie d'Angleterre furent unis à Abbeville. Le 5 novembre vit le couronnement de la nouvelle reine à Saint-Denis, et, pendant cette cérémonie, le duc d'Angoulême, héritier présomptif, tint la couronne au-dessus de sa tête.

Le lendemain, Marie d'Angleterre fit son entrée solennelle à Paris (2). Mais déjà les jours de Louis XII étaient comptés : sa santé déclinait rapidement et ses forces s'épuisaient. Il mourut, le 1er jan-
1515. vier 1515, quatre-vingt-deux jours après son nouveau mariage, et n'ayant d'autre postérité que les deux filles issues de son union avec Anne de Bretagne.

François d'Angoulême, duc de Valois, succéda à Louis XII comme son plus proche héritier. Né à Cognac, le 12 septembre 1494, il était arrière-petit-fils de Louis, duc d'Orléans, frère de Charles VI, et fils de Charles, comte d'Angoulême, et de Louise de Savoie. Celle-ci, demeurée veuve de bonne heure, avait dirigé la jeunesse du nouveau roi et continuait d'exercer sur lui le plus grand empire.

François Ier débuta mal dans ses relations avec le jeune souverain des Pays-Bas. Philippe Dalles, maître d'hôtel de l'archiduc, avait été envoyé vers Louis XII par Marguerite d'Autriche. Ce fut son successeur qui lui donna audience le 2 janvier, lendemain de son avénement. Cette entrevue fut loin d'être affectueuse (3). L'ambassadeur belge se plaignit des dévastations commises dans le Luxembourg par Robert de la Marck, marquis de Sedan, et du

(1) *Négociations diplomatiques*, etc., t. Ier, p. CXVII.

(2) *Original letters*, etc., t. Ier, pp. 115 et suiv.

(3) Philippe Dalles raconte très-longuement cette entrevue dans une lettre adressée à Marguerite d'Autriche et écrite de Paris, 3 janvier 1515. Voir *Négociations diplomatiques*, etc., t. Ier, p. 593 et suiv.

complot qu'il avait tramé pour livrer Thionville à la France. Il informa ensuite le nouveau roi de l'émancipation prochaine de l'archiduc et de sa résolution de vivre en bonne amitié avec lui, si le roi n'y apportait point d'obstacle. — « Cela ne dépendra pas de » moi, répondit avec hauteur François Ier : je lui serai bon parent » et ami, bon seigneur aussi parce qu'il est mon vassal ; mais je » ne veux pas être mené par lui comme l'Empereur et le roi d'Ara- » gon ont mené le feu roi : s'il en était autrement, je laisserais » toutes choses pour m'en venger. » Toute la cour entendit ces paroles hautaines. Mais l'envoyé belge répondit très-haut aussi par ces mots prophétiques : « Sire, il ne tiendra qu'à vous que » M. le prince de Castille vive bien avec vous comme fit le roi son » père avec votre prédécesseur. Et sachez, sire, que vous n'aurez » jamais ni ami ni vassal qui vous puisse nuire davantage !... »

CHAPITRE IV.

MARGUERITE D'AUTRICHE ET LE CARDINAL XIMENÈS.

Éducation de Charles d'Autriche. — Adrien d'Utrecht. — Goût du jeune prince pour les exercices corporels. — Dès son enfance, il est mis en communication avec les états généraux des Pays-Bas. — Émancipation de Charles d'Autriche. — Le S^gr^ de Chièvres l'initie aux affaires. — Premières relations avec François Ier. — Ambassade envoyée en France pour demander la main de la princesse Renée, sœur de la reine Claude. — Traité du 24 mars 1515 qui stipule les conditions de ce mariage et écarte les demandes principales des ambassadeurs belges. — Le duc de Gueldre est compris dans le traité. — Motifs qui obligent Charles d'Autriche à le ratifier. — Cession qui lui est faite de la Frise. — François Ier passe les Alpes. — Victoire de Marignan. — Félicitations adressées par le souverain des Pays-Bas au roi de France. — Mort de Ferdinand le Catholique, roi d'Aragon. — Traité de Noyon du 13 août 1516 : Charles s'engage à épouser Louise de France, fille de François Ier, au lieu de la princesse Renée. — L'empereur Maximilien accède au traité. — Le S^gr^ de Chièvres et son parti cherchent à écarter Marguerite d'Autriche du gouvernement des Pays-Bas. — Cette princesse présente l'apologie de son administration dans un conseil présidé par le jeune souverain. — Intervention de l'empereur Maximilien en faveur de sa fille. — Pendant que Marguerite d'Autriche défendait les Pays-Bas, le cardinal Ximenès veillait sur les royaumes espagnols qui devaient échoir à Charles d'Autriche. — Le vieux roi d'Aragon aurait voulu déshériter son petit-fils. — Premier testament en faveur de Ferdinand, frère de Charles. — Celui-ci est enfin rétabli en tous ses droits, et son grand-père lui recommande, sur son lit de mort, les intérêts de la reine Germaine de Foix. — Ximenès régent du royaume de Castille; Charles confirme ses pouvoirs et lui adjoint Adrien d'Utrecht, comme son ambassadeur. — Charles est proclamé roi de Castille. — Tableau de la cour de Bruxelles, tracé par l'évêque de Badajoz, dans un mémoire adressé à Ximenès. — Réformes accomplies par Ximenès et qui ont pour résultat de satisfaire l'avidité des principaux conseillers intimes de Charles. — Plaintes du régent de Castille sur les dépenses excessives du nouveau souverain. — Une députation de Juifs et de Mores convertis est envoyée au roi à l'effet d'obtenir des modifications dans la procédure suivie par l'Inquisition; Ximenès fait rejeter cette requête. — Fermentation dans la Castille. — Charles convoque les états généraux des Pays-Bas à Gand, et annonce son départ prochain pour l'Espagne. — Marguerite d'Autriche est investie de la régence. — Avant de s'éloigner, Charles ordonne que tous les officiers, qui composent la maison de Ferdinand, son frère, soient congédiés et remplacés par d'autres. — Charles débarque à Tazones. — Les ministres belges le tiennent éloigné de Ximenès et obtiennent du jeune souverain que l'illustre régent sera entièrement écarté des affaires. — Mort de Ximenès. — Charles est reconnu, à Valladolid, comme roi de Castille, de Léon et de Grenade. — Il écrit à François Ier pour lui faire connaître ce résultat de son voyage et resserrer leur alliance. — En disposant des principales dignités de l'État en faveur de ses conseillers belges, il porte au comble l'irritation des Castillans. — L'infant Ferdinand est renvoyé dans les Pays-Bas. — Entrée solennelle de Charles à Saragosse où il est proclamé roi d'Aragon. — Lettre affectueuse qu'il adresse aux villes des Pays-Bas. — Remontrances des principales cités de la Castille sur la partialité du roi en faveur des étrangers, l'exportation de l'argent monnayé, etc. — D'autres soins vont détourner l'attention de Charles de ces justes griefs. — Il aspire à la dignité impériale.

Charles d'Autriche atteignait sa quinzième année. Il avait jusqu'alors résidé dans les Pays-Bas où Marguerite d'Autriche, sa tante, et Marguerite d'York, duchesse douairière de Bourgogne, s'étaient chargées du soin de former son enfance. Lorsque l'ordre de la Toison d'or tint, en 1501, son XVIme chapitre à Bruxelles, ce fut la veuve de Charles le Hardi qui porta le jeune prince dans le lieu capitulaire : on le plaça au milieu de l'assemblée, et, à la demande des assistants, l'archiduc, son père, lui donna le collier de l'Ordre après l'avoir armé chevalier (1). 1500-1515.

En 1509, l'empereur Maximilien désigna Guillaume de Croy, Sgr de Chièvres, pour remplacer le prince de Chimay, comme gouverneur et chambellan de son petit-fils. L'éducation littéraire de l'héritier de tant de royaumes fut confiée à un illustre professeur de l'université de Louvain, Adrien d'Utrecht, qui parvint plus tard au souverain pontificat. Ce personnage, fils d'un simple fabricant de draps, s'était concilié, par sa modestie autant que par son mérite, la faveur de Marguerite d'Autriche qui, le retirant d'une pauvre cure de village, l'avait fait nommer doyen de l'église de Saint-Pierre à Louvain (2).

(1) *Histoire de l'ordre de la Toison d'or*, par de Reiffenberg, pp. 245 et 247.
(2) Adrien d'Utrecht était secondé par un maître d'étude, Louis Vaca, que

Comme Maximilien nourrissait l'espoir de voir son petit-fils lui succéder dans la dignité impériale, il avait particulièrement recommandé de lui faire apprendre soigneusement le latin, qui était la langue officielle de l'Empire. Mais le jeune prince fit peu de progrès dans les lettres anciennes : peut-être était-il de l'avis du Sgr de Chièvres, qui répétait souvent que son élève était né pour régner et non pour devenir un savant. Charles n'apprenait aussi que très-difficilement l'espagnol, tandis qu'il étudiait avec plaisir les autres langues vivantes comme le français, l'allemand, l'italien et l'anglais. Il témoignait du goût pour les mathématiques, la géographie, et surtout pour la lecture de l'histoire. Il se passionna même pour Philippe de Commines, qu'il devait faire traduire plus tard en toutes les langues qu'il savait, et pour Thucydide dont la traduction de Claude, évêque de Marseille, le quitta rarement dans ses guerres et ses voyages (1).

La vaillance du futur conquérant de Tunis s'éveilla de bonne heure, s'il est vrai, comme le rapporte un de ses historiens, qu'on le surprit maintes fois arrêté, un bâton à la main, devant les cages des lions, et agaçant ces terribles animaux, au péril de sa vie (2). Les exercices corporels que dirigeait le Sr de la Chaulx, étaient nécessaires pour fortifier le tempérament et favoriser la croissance trop lente du jeune prince. Il se rendit habile dans l'équitation, ainsi que dans le maniement de l'arc et de l'arbalète. L'antique château des ducs de Brabant à Tervueren était le lieu privilégié où Charles d'Autriche se livrait à ces exercices virils. L'empereur

Marguerite d'Autriche recommandait à son père, en décembre 1507, pour lui assurer des bénéfices ecclésiastiques. « Je croy, disait-elle, que estes assez averty » de la bonne diligence que Me Loys Vaca, maistre d'escole de monseigneur mon » nepveu, prent journelement à le instruyre en lettres et bonnes mœurs, dont il » prouffite grandement selon son eage... » (*Corresp. de Maximilien Ier*, etc, t. Ier, p. 55.)

(1) Brantôme, *Vies des capitaines étrangers*, t. Ier. — *Particularités inédites sur Charles-Quint et sa cour*, par de Reiffenberg. (*Mémoires de l'Académie royale de Bruxelles*, t. VIII.)

(2) *Histoire de la vie et actions de l'invincible empereur Charles V*, par don Jean-Antoine de Vera et Figueroa, etc, traduite d'espagnol en français, par le Sr Du Perron Le Hayer. (Bruxelles, Foppens, 1665, in-12, p. 5.)

Maximilien, renommé parmi les plus intrépides chasseurs du Tyrol, applaudissait aux premiers exploits de son petit-fils, et voyait surtout avec une satisfaction extrême qu'il semblait avoir hérité de son goût pour la chasse (1).

Dès son enfance, le jeune souverain avait été mis en communication avec le peuple des Pays-Bas, et comme initié aux devoirs extérieurs qu'impose la puissance suprême. Il assistait à Malines, le 15 octobre 1506, à la séance solennelle où les états généraux furent informés de la mort de Philippe le Beau et requis de pourvoir à la tutelle des enfants du roi. Neuf mois après, le 18 juillet 1507, il présidait, dans la même ville, aux obsèques de son père; il se rendit à cheval de son hôtel à l'église de St-Rombaut, avec une suite nombreuse de gentilshommes en deuil qui l'accompagnaient à pied (2). Le 20 juillet, non-seulement il se trouvait encore dans l'assemblée des états généraux, mais, après que l'archiduchesse, sa tante, eut appuyé la demande d'un subside, lui-même fit une petite harangue pour se concilier la faveur des représentants du pays (3).

Ce fut à la sollicitation expresse des états que Maximilien consentit à l'émancipation de son petit-fils. Marguerite d'Autriche, par l'ordre de son père, les avait réunis à Bruxelles, le 14 décembre 1514, et leur avait demandé une *aide* considérable, après leur avoir fait connaître que l'Empereur, étant dans l'intention de prendre la croix et d'aller combattre les infidèles, se proposait de faire venir en Allemagne, dans quelques mois, son petit-fils, afin qu'il

(1) Maximilien écrit à Marguerite (février 1509) : « Nous fûmes bien joyeux » que nostre fils Charles prenne tant de plaisir à la chasse, autrement on pourra » penser qu'il est bâtard. » (*Correspondance de Maximilien Ier*, etc., t. Ier, p. 241.) — De son côté, Marguerite, au mois de mai 1513, informe Maximilien que le jeune prince, en tirant de l'arbalète à Tervueren, a tué, par mégarde, le lundi de la Pentecôte, « un homme de mestier de cette ville, yvrogne et mal con- » ditionné. » Ce qui a causé, ajoute-t-elle : « un grand regret et déplaisir à » Mgr et à moy. » (*Correspondance de Marguerite d'Autriche*, t. II, p. 80.)

(2) *Recherches historiques en France*, par E. Gachet, dans les *Bulletins de la Commission royale d'histoire*, 2e série, t. IV et V.

(3) *Particularités et documents inédits sur Charles-Quint*, publiés par M. Gachard dans le *Trésor national* (1842), t. II.

vit les possessions de la maison de Habsbourg dont il était l'héritier. L'*aide* dont il était question devait pourvoir en partie aux frais de ce voyage. Mais les états exprimèrent l'avis que, au lieu de conduire le jeune archiduc en Allemagne, où celui-ci n'avait rien à prétendre encore, il serait préférable de le mettre en possession des pays qui lui étaient dévolus depuis huit ans; ils manifestèrent aussi le dessein de n'accorder l'aide sollicitée par l'Empereur qu'après l'émancipation du prince. Quoique le parti qui circonvenait le jeune archiduc eût d'abord caché à la régente la proposition qui venait d'être si vivement appuyée par les états, Marguerite d'Autriche était trop dévouée à son neveu pour retarder son avénement. Charles, d'ailleurs, avait été touché de cette marque de confiance des états généraux, et comme il se trouvait dans l'assemblée, il s'adressa aux députés en ces termes : « Messieurs, je » vous remercie de l'honneur et bonne affection que me portez. » Soyez bons et loyaux subjects, je vous seray bon prince. » Il fallait encore obtenir l'assentiment formel de l'empereur Maximilien : ce monarque le donna, moyennant l'offre d'une somme de 100,000 florins, et envoya à Bruxelles, munis de ses pouvoirs, Frédéric, comte palatin du Rhin, et Félix, comte de Wurtemberg. Ils assistèrent avec Marguerite d'Autriche à l'émancipation et à l'avénement du jeune prince, comme souverain des Pays-Bas. Cette
1515. cérémonie eut lieu, le 5 janvier 1515, en présence des états généraux, dans la grande salle du palais de Bruxelles, où quarante ans plus tard devait se terminer la glorieuse carrière de l'empereur Charles-Quint (1).

(1) *Sommaires des voyages de Charles V*, par Vandenesse, MSS. de l'ancienne bibliothèque de Bourgogne, n° 11581. Des détails intéressants ont été communiqués par M. Gachard dans son introduction aux lettres inédites sur la retraite de Charles-Quint, pp. 2-3. — Dans sa collection de *Documents inédits concernant l'Histoire de la Belgique*, t. Ier, p. 283, M. Gachard a publié la lettre par laquelle Charles-Quint notifia, le 9 janvier 1515, son émancipation au grand conseil de Malines, et lui envoya le formulaire des titres qui devaient être insérés dans les actes expédiés en son nom; le voici : « Charles, par la grâce de Dieu, prince d'Es- » pagne, des Deux-Siciles, de Jérusalem, etc; archiduc d'Autriche, duc de » Bourgogne, de Lothier, de Brabant, de Styrie, de Carinthie, de Carniole, de » Limbourg, de Luxembourg et de Gueldre; comte de Flandre, de Habsbourg

Après avoir été mis hors de tutelle, Charles d'Autriche se rendit successivement dans les villes principales des Pays-Bas pour se faire inaugurer, selon l'usage traditionnel, et prêter les serments imposés par les priviléges des diverses provinces.

Le jeune souverain, par le conseil et sous l'impulsion de Guillaume de Croy, prit aussi, dès son avénement, une part très-grande à la conduite de ses intérêts. Quoiqu'il eût à peine quinze ans, toutes les dépêches lui étaient présentées; souvent même il passait une partie des nuits à les lire, et le lendemain, il en faisait lui-même le rapport dans son conseil, où tout se décidait en sa présence. Cet assujettissement, auquel le jeune prince se pliait volontiers, lui avait donné une gravité précoce qui frappait les ambassadeurs étrangers. L'envoyé français en ayant témoigné sa surprise en présence du seigneur de Chièvres, celui-ci répondit : « Mon cousin, je suis tuteur et curateur de sa jeunesse; je » veux, quand je mourrai, qu'il demeure en liberté, car s'il n'en» tendait ses affaires, il faudrait, après mon décès, qu'il eût un » autre curateur pour n'avoir entendu ses affaires et n'avoir été » nourri au travail, se reposant toujours sur autrui (1). »

Mais Charles, quoique très-appliqué, ne songeait point encore à se soustraire à l'ascendant que Guillaume de Croy s'était habitué à exercer sur lui. Rien ne caractérisait mieux cette dépendance volontaire ou la modestie du jeune souverain que la devise qu'il avait fait inscrire sur son bouclier : *Nondum.*

Feudataire de la couronne de France pour les comtés de Flandre

» de Tyrol, d'Artois, de Bourgogne palatin et de Hainaut; landgrave d'Alsace, » prince de Souabe, marquis de Burgau et du Saint Empire, comte de Hollande, » de Zélande, de Ferrette, de Kybourg, de Namur et de Zutphen; seigneur de » Frise, des marches d'Esclavonie, de Portenau, de Salins et de Malines. » — Au mois de janvier 1517, l'ordre de la Toison d'or, ayant convoqué à Bruxelles son XVIIIe chapitre, Charles d'Autriche fit, le 25, avant l'ouverture de la fête, le serment que, à cause de son bas âge, il avait été dispensé de prêter en 1501, lorsqu'il fut revêtu du collier de l'Ordre, et il prêta en même temps celui qui était attaché à la dignité de *chef* et *souverain*. (*Histoire de l'ordre de la Toison d'or*, p. 294.)

(1) *Mémoires de Du Bellay*, t. Ier, p. 60.

et d'Artois, Charles devait à François Ier l'hommage féodal, et, en sa qualité de pair de France, il était également tenu d'assister au sacre du nouveau roi, soit en personne, soit par procureur. Mais Charles et son conseil voyaient surtout dans cette formalité un prétexte pour essayer de contracter une étroite alliance avec le successeur de Louis XII. Il avait donc été résolu de proposer le mariage du petit-fils de Maximilien Ier avec la sœur de la reine Claude, bien que Renée de France, fille cadette de Louis XII et d'Anne de Bretagne, n'eût encore que quatre ans, et de faire une nouvelle tentative pour obtenir la restitution du duché de Bourgogne. Un des plus grands personnages de l'État, Henri de Nassau, baron de Breda et seigneur de Vianden, conseiller et chambellan du prince, fut le chef de cette ambassade composée de : Michel de Croy, seigneur de Sempy, également conseiller et chambellan; Michel Pavie, doyen de Cambrai et confesseur de l'archiduc; le maître d'hôtel Philippe Dalles; Mercurin Gattinare, président du parlement de Dôle; Jean Caulier, seigneur d'Aigny, maître des requêtes, et Gilles Vanden Damme, secrétaire. Les ambassadeurs partirent de Bruxelles vers la fin de janvier. Ils ne purent se trouver au sacre de François Ier, qui eut lieu à Reims, le 25 de ce mois; mais ils le rencontrèrent à Compiègne, où ils arrivèrent le 3 février. La plupart des grands seigneurs de la cour allèrent au-devant d'eux jusqu'à une demi-lieue de cette ville. Le lendemain, ils eurent audience publique du roi. Il était entouré de dix ou douze évêques et prélats et de tous ou de la plupart des princes de son sang et d'autres grands seigneurs. Le comte de Nassau présenta les lettres de créance de son souverain, et le doyen de Cambrai exposa l'objet de la mission. Tout aussitôt François Ier, sans consulter le chancelier Antoine Duprat, bien qu'il fût présent, répondit en substance : « J'ai bien ouï et entendu ce que vous m'avez dit et » proposé de la part de mon cousin, le prince d'Espagne. Vous » êtes les très-bien venus; je connais par votre charge l'amour » et l'affection que mon cousin me porte et le bon zèle dont vous » procédez en me félicitant, de sa part, sur mon avénement au » trône. Je ne le félicite pas moins au sujet de son émancipation, » et je suis joyeux d'avoir affaire à un homme hors de tutelle.

» Quant aux obligations qu'il veut remplir comme vassal, à cause » des comtés de Flandre et d'Artois, il ne me trouvera que rai- » sonnable et comme parent et comme voisin. Au sujet de l'amitié » qu'il désire nouer avec moi, je la désire pareillement avec tous » mes voisins, et d'autant plus avec lui qu'avec nul autre, parce » qu'il est issu de la maison de France. » Le 5 février, dans une fête de cour à laquelle assistaient les ambassadeurs, le roi prit à part Nassau et Sempy et s'entretint plus d'une heure avec eux sur l'amitié qu'il désirait contracter avec le prince de Castille. Les ambassadeurs représentaient que François et Charles, jeunes tous deux, avaient carte blanche ; aussi devaient-ils souhaiter que la première impression fût bonne, honorable et profitable non-seulement pour eux, leurs pays et sujets, mais aussi pour toute la chrétienté. Comme ils avaient l'espoir et l'apparence, moyennant la grâce de Dieu, de vivre, régner et dominer longtemps, l'amitié, qu'ils contracteraient dès leur avénement, croîtrait avec eux, se fortifierait toujours de plus en plus et deviendrait indissoluble. Si, au contraire, ils nourrissaient, dès l'origine, quelque rancune l'un contre l'autre, ils trouveraient de chaque côté leurs serviteurs disposés à faire grandir cette haine ; car les serviteurs suivent naturellement l'inclination du maître et plutôt vers le mal que vers le bien. François Ier répondit chaleureusement, jurant foi de gentilhomme, que si Charles voulait procéder de cette sorte, il ferait la même chose de son côté; il ne dissimula point que son amitié était profitable au prince, et particulièrement pour ses royaumes d'Espagne, et que son voyage, lorsque l'héritier des rois catholiques devrait s'y rendre, serait bien plus facile si celui-ci possédait l'affection du roi de France. Les ambassadeurs avouèrent que cela était vrai; mais que, d'un autre côté, l'amitié et l'alliance du prince d'Espagne pouvaient être également très-utiles à François Ier (1).

(1) Mercurin de Gattinare à Marguerite d'Autriche, de Compiègne, 4 février 1515. Il l'informe aussi des propos désobligeants tenus par les ambassadeurs d'Angleterre : « L'on nous a adverty que le duc de Suffolck et les autres ambassadeurs d'Angleterre, en leur audience privée, ont bien chargié sur la compagnie, en disant que l'on ne se debvoit fier de vostre Maison, et que l'on ny tenoit ni foy ni promesse... » (*Négociations diplomatiques*, etc., t. II, pp. 41-48.)

Le 15 février, les représentants du souverain des Pays-Bas assistèrent à l'entrée pompeuse de François Ier à Paris, et le soir ils vinrent prendre place, selon les anciennes coutumes, au banquet de la *table de marbre*, avec les ambassadeurs du pape, du roi d'Angleterre et de la république de Venise. Ils avaient eu auparavant une audience de la reine Claude, qui avait paru flattée de l'honneur que le prince de Castille faisait à sa jeune sœur, en la demandant en mariage (1).

Les ambassadeurs entrèrent enfin en conférence avec les commissaires royaux qui étaient : le chancelier Antoine Duprat, Lautrec, d'Orval, le bâtard de Savoie, Imbert de Basternay, seigneur du Bouchage, le président Baillet, et de Brans, avocat du roi. Les envoyés de Charles demandèrent d'abord et notamment : la confirmation du traité de Cambrai; la délivrance immédiate de la princesse Renée pour être élevée dans les Pays-Bas jusqu'à la consommation du mariage; la restitution du duché de Bourgogne; un concours efficace pour recouvrer le pays de Gueldre. Ils demandaient aussi, pour dot de la princesse Renée, le duché de Milan et le comté d'Asti avec leurs appartenances, dont le roi devrait donner à ses dépens la possession et la jouissance à la princesse et à son époux; et, en outre, une somme de 200,000 écus d'or à payer le jour de la consommation du mariage, indépendamment de ce qui pourrait appartenir à la princesse, comme fille puînée de Louis XII.

Ces propositions furent vivement repoussées par François Ier. Il les trouvait si étranges qu'elles ne méritaient pas de réponse. Le conseil des Pays-Bas, tout en insistant sur la délivrance immédiate de la princesse, se relâcha successivement de ses demandes rela-

(1) Dans la lettre où Mercurin de Gattinare rend compte à Marguerite de cette audience (Paris, 14 février 1515), il dit que la reine Claude « est bien petite et d'estrange corpulence », mais que « sa grâce de parler supplée beaucoup à la faute de beauté. » Lorsque les ambassadeurs lui eurent fait la révérence, « elle baisa M. de Nassou; et quant à M. de Sainct-Py et tous nos autres, ajoute Gattinare, elle bailla la main. » (*Nég. dipl.*, t. II, pp. 52-58.) — La lettre suivante du 16 février (pp. 59-63) contient une description curieuse de l'entrée solennelle de François Ier à Paris.

tives à la possession des duchés de Gueldre et de Milan (1). Charles désirait toujours, à la vérité, que le Milanais fît partie de la dot de sa future épouse; mais il offrait de le conquérir en commun avec le roi de France et l'Empereur. A cela François Ier répondait que le Milanais était l'héritage du royaume et qu'il ne s'en dessaisirait jamais; quant à la conquête, qu'il la ferait en personne et non par procureur, et que, lorsqu'il y serait, chose du monde ne l'en ôterait que force et effusion de sang.

En outre, le conseil de France refusait obstinément de délivrer la princesse Renée; il déclarait qu'il fallait d'abord que la reine Claude, sa sœur, eût un héritier auquel serait assuré le duché de Bretagne.

Quoique les débats durassent depuis plus d'un mois, ils n'aboutirent pas toutefois à une rupture qui eût mal servi les desseins de François Ier, désireux de reconquérir sans retard le Milanais, et qui eût singulièrement augmenté les embarras de Charles, déjà accablé par la *grandeur* de ses affaires, comme disait le comte de Nassau, en face d'une crise financière, suite des guerres passées, et menacé par les tentatives qui se faisaient en Espagne pour le frustrer d'une partie de son héritage. On finit par écarter les points principaux contenus dans les instructions des ambassadeurs belges, et on transigea sur les autres par le traité qui fut signé le 24 mars et juré solennellement, le jour de Pâques, en l'église de Nôtre-Dame de Paris.

Ce traité stipulait le mariage de Charles d'Autriche et de Renée de France aux conditions suivantes: la princesse sera remise au prince de Castille deux mois après l'accomplissement de sa douzième année; elle recevra une dot de 600,000 écus d'or au soleil et le duché de Berry lui sera donné pour 400,000 écus, en y réservant au roi de France la souveraineté, l'hommage lige, etc.

(1) Les premières instructions délivrées aux ambassadeurs et datées de Louvain, 19 janvier 1515, enjoignaient au comte de Nassau d'offrir aussi l'hommage du souverain des Pays-Bas pour le duché de Bourgogne; et comme on prévoyait bien qu'il ne serait pas admis à rendre ce devoir, on lui prescrivait de faire une protestation secrète de *non-préjudice au droit du prince*, mais sans donner aucun signe d'aigreur et de mécontentement. (*Négociations diplomatiques*, etc., t. II, p. 6.)

Dans le cas où le mariage ne s'accomplirait point, soit par la volonté du roi de France, soit par celle de la princesse Renée, Charles recevrait, à titre de dédit, le comté de Ponthieu, avec les villes de Péronne, de Montdidier, de Roye, de Saint-Quentin, de Corbie, d'Amiens, d'Abbeville, de Montreuil, ainsi que le Crotoy, Saint-Valery et Doullens. On avait également stipulé une ligue offensive et défensive entre les deux souverains (1).

Celui qui recueillit le plus de fruit de cette négociation fut sans contredit Henri de Nassau qui, par l'entremise de François Ier, épousa réellement Claude de Châlons, sœur unique et héritière immédiate de Philibert, prince d'Orange. Lorsqu'il revint en Belgique, une ambassade française, dont le chef était le duc de Vendôme, l'accompagna et se rendit à la Haye, où se trouvait alors Charles d'Autriche, pour obtenir la ratification de ce prince au traité d'alliance et de mariage conclu, le 24 mars, à Paris, avec François Ier.

Charles, dominé et entraîné par les circonstances, donna son consentement; mais le traité était loin de le satisfaire. Puisqu'il avait fallu se rapprocher de la France, il aurait désiré, comme on l'a vu, des conditions plus favorables à l'agrandissement de la maison d'Autriche-Bourgogne. L'année précédente, devisant un jour sur son mariage avec quelques-uns de ses mignons, ils passèrent en revue les princesses qui auraient pu lui convenir. L'archiduc déclara qu'il préférait la fille du roi de France. « Si ma femme » mourait d'aventure, disait-il, je serais duc de Bretagne (2). »

A la demande expresse de François Ier, le duc de Gueldre, cet ancien et constant allié de la France, avait été compris dans le traité (3). Ce fut encore un grave échec pour le gouvernement des

(1) Voir Lanz, *Correspondenz des Kaisers Karl V*, Leipzig, 1844, t. Ier, pp. 2-47, pour la correspondance officielle des ambassadeurs belges avec Charles d'Autriche. On trouve aussi des indications utiles dans Pontus Heuterus, *Rer. belg.* lib. VII, fol. 315-316. Quant au traité, il est inséré dans le *Corps diplomatique* de Dumont, t. IV, 1re partie, p. 199.

(2) *Négociations diplomatiques*, etc., t. Ier, p. 595.

(3) *Francico foederi asscriptus fuit in gratiam regis Francisci Carolus dux Geldriæ.* (Pontus Heuterus, p. 316.)

Pays-Bas, qui aurait voulu que François Ier abandonnât ce dangereux adversaire et prêtât même des troupes pour l'abattre. L'acquisition, d'ailleurs vivement disputée, de la Frise ne put consoler Charles ni Marguerite d'Autriche du mécompte qu'ils venaient d'éprouver. Malgré les efforts de Henri de Nassau, François Ier s'était refusé à intervenir dans ce nouveau différend et à se prononcer d'une manière formelle contre les prétentions que le duc de Gueldre opposait aux droits plus certains du souverain des Pays-Bas (1).

En recherchant l'alliance de l'Angleterre, Louis XII se disait qu'il pourrait dorénavant disposer librement de ses forces pour recouvrer le duché de Milan. En effet, la gendarmerie, sous le

(1) En 1498, Maximilien et Philippe le Beau avaient conféré le gouvernement héréditaire de l'Oost-Frise et de la West-Frise à Albert, duc de Saxe, landgrave de Thuringe, marquis de Misnie, etc., à condition que lui et ses héritiers tiendraient ce pays comme un fief mouvant et relevant du comté de Hollande, jusqu'à ce qu'on leur eût remboursé la somme de 350,000 livres du Rhin qui avaient été dépensées pour la conquête. Mais Albert essaya en vain de joindre à la Frise Groningue et les Ommelanden. Après sa mort, les droits qu'il avait acquis passèrent à son fils Henri, lequel les transféra ensuite à Georges, son frère. Celui-ci, sans tenir grand compte de l'engagement souscrit par son père, en 1498, s'intitulait : *Gouverneur perpétuel et vicaire héritable du pays de Frise de par le saint empire.* Pendant la trêve de quatre ans, conclue en 1513, entre Marguerite et le duc de Gueldre, il prit à sa solde les troupes licenciées par ce prince et ravagea l'Oost-Frise et le pays de Groningue que lui disputait Edzard IV, comte d'Emden, lequel, au moment de succomber, fut soutenu et même suppléé par Charles d'Egmont. Enfin, Georges de Saxe, désespérant de vaincre ses adversaires, prit le parti de rétrocéder à Charles d'Autriche tous ses droits sur la Frise. Le traité, qui consacrait cette cession, fut conclu à Middelbourg, le 19 mai 1515. Georges de Saxe retourna ensuite en Thuringe, et le comte Edzard, n'osant poursuivre la lutte avec le souverain des Pays-Bas, abandonna également la West-Frise. Charles d'Autriche nomma gouverneur de la Frise Florent d'Egmont, comte de Buren, l'ancien adversaire de Charles de Gueldre. Mais l'autorité du lieutenant du souverain ne fut d'abord reconnue que dans les villes de Leeuwaerden, Franeker, Harlingen, et d'autres moins importantes. Groningue, qui avait prêté serment à Charles de Gueldre, et les Ommelanden ne se donnèrent à Charles-Quint qu'en 1536. Voir Pontus Heuterus, *Rer. Belg.* lib. VII, p. 318 et suiv.; Basnage, *Annales des Provinces-Unies*, t. Ier, p. 7, et Lanz, *Correspondenz des Kaisers Karl V*, t. Ier, pp. 41 et suiv.

commandement du duc de Bourbon, allait se mettre en marche, et le roi se proposait de le rejoindre, avec le reste de l'armée, lorsqu'il mourut. François Ier se chargea d'exécuter l'entreprise. Il commença par renouveler ses traités avec le roi d'Angleterre et la république de Venise; puis, au mois d'août 1515, il passa les Alpes avec 40,000 hommes, et, le 13 septembre, remporta, à Marignan, sur les Suisses venus au secours du duc de Milan, une victoire qui le rendit maître de la Lombardie.

Charles d'Autriche, héritier de la monarchie espagnole, s'étudiait à ménager son redoutable voisin. Loin donc de s'associer aux démonstrations hostiles de son aïeul, l'empereur Maximilien, qui était venu camper sur les rives de l'Adda, il s'empressa de féliciter François Ier sur sa grande victoire et d'offrir sa médiation pour le réconcilier avec le chef de l'Empire. Il savait très-bien, lui mandait-il, que si les affaires du roi prospéraient, les siennes prospéreraient aussi; il l'engageait ensuite à se rapprocher de l'Empereur parce que, quand le roi serait maître paisible du duché de Milan, il pourrait, avec le concours du chef de l'Empire, le posséder à moindres frais et en plus grande sûreté qu'il ne le ferait, s'il n'y avait bonne amitié et intelligence entre eux (1).

La mort de Ferdinand le Catholique, survenue le 23 janvier
1516. 1516, affermit Charles d'Autriche et son conseil dans leurs dispositions pacifiques. L'ouverture de la nouvelle succession échue au petit-fils des rois catholiques soulevait deux graves questions : il fallait décider si François Ier rentrerait en possession du royaume de Naples, que Louis XII avait cédé à Germaine de Foix, seconde femme de Ferdinand, mais pour autant que celui-ci laissât des enfants de ce second mariage. Il s'agissait aussi de prendre une résolution au sujet de la Navarre dont Ferdinand s'était emparé frauduleusement en 1514, au détriment de Jean d'Albret et de Catherine de Foix, alliés de la France. Arthus Gouffier de Boissy, grand maître de France, qui avait élevé François Ier, et Guillaume de

(1) *Correspondenz des Kaisers Karl V*, t. Ier, p. 48. Cette lettre datée de Bruxelles, 23 septembre 1515, portait pour suscription : « A monsieur mon bon » père le roy très-chrestien. — Vostre humble fils et vassal, *Charles*. »

Croy, Sr de Chièvres, qui avait dirigé l'éducation de Charles, eurent des conférences à Noyon pour résoudre les points en litige. Elles aboutirent au traité conclu dans cette ville, le 13 août 1516. Les parties transigèrent de nouveau au sujet du royaume de Naples. Il fut stipulé que Charles, au lieu d'épouser la princesse Renée, aurait pour femme Louise de France, alors âgée d'un an, fille de François Ier, et que celui-ci renoncerait en faveur de ce mariage à ses prétentions sur le royaume de Naples. Quant à la Navarre, Charles s'engageait à satisfaire Henri d'Albret aussitôt que lui-même aurait pris possession de la succession de Ferdinand d'Aragon. Le comte du Rœulx, grand maître de la cour de Charles d'Autriche, vint à Paris pour ratifier le traité conclu à Noyon, et les deux princes, en signe d'amitié, s'envoyèrent mutuellement le collier de leurs Ordres (1).

L'empereur Maximilien était d'abord peu disposé à ratifier le traité de Noyon. Le 29 octobre, il contracta même avec Henri VIII et le pape Léon X une ligue défensive dans laquelle il voulut entraîner son petit-fils : quoiqu'elle semblât n'avoir pour objet que de garantir les confédérés contre toute agression, en réalité, elle menaçait la puissance ascendante de François Ier (2). Cependant, Maximilien, bien qu'il eût également l'espoir de soulever la Suisse entière contre le vainqueur de Marignan, ne persévéra point dans ses desseins belliqueux. Le traité de Noyon, s'il voulait y accéder, stipulait en sa faveur une indemnité de 100,000 écus d'or, moyennant la cession de Vérone aux Vénitiens : il accepta cette clause, ratifia le traité, conclut une trêve avec la république de Venise, et consentit que les cinq cantons suisses, qui avaient jusqu'alors refusé de s'allier avec la France, entrassent dans le traité que les huit autres avaient déjà fait avec François Ier. Cet accommodement reçut sa consécration dans le traité de *paix perpétuelle* conclu à

(1) Mémoires de Du Bellay, t. Ier, p. 103. — Dumont, *Corps diplomatique*, t. IV, P. I, p. 224. — Ce nouveau projet matrimonial eut le sort du précédent. Du reste, la mort prématurée de Louise de France rompit les desseins formés pour son avenir; quant à Renée, sa tante, elle épousa, le 28 juin 1528, Hercule II, duc de Ferrare, et favorisa les nouvelles doctrines issues de la Réformation.

(2) *Monumenta habsburgica*, part. II, t. Ier, p. 29.

Fribourg, le 29 novembre 1516, entre le roi de France d'une part, et, de l'autre, les treize cantons, les ligues grises et tous ceux qui étaient unis au corps helvétique (1).

1513-1516. Pendant que s'accomplissaient tous ces événements, la cour de Charles d'Autriche était livrée à l'agitation. Depuis l'émancipation du jeune souverain, deux partis s'y disputaient la prépondérance. L'un était représenté par Marguerite et regrettait l'alliance anglaise; l'autre, qui avait Guillaume de Croy pour chef, se proposait d'écarter du gouvernement la sage et courageuse régente, d'adopter

(1) On nous saura gré, peut-être, d'emprunter à Guicciardin quelques traits intéressants d'une description du corps helvétique à cette époque : « Les Suisses, » dit-il, habitent le mont Saint-Claude, qui est une des plus hautes parties du » mont Jura, et les montagnes du Simplon et du Saint-Gothard. Ils sont naturel- » lement belliqueux, rustiques, et plus adonnés à la garde des troupeaux qu'à » l'agriculture, à cause de la stérilité de leurs montagnes. Ce pays obéissait autre- » fois aux ducs d'Autriche; mais s'étant révolté depuis longtemps contre eux, il » est gouverné par ses habitants et ne reconnaît ni l'Empereur ni aucun autre » souverain. La république est divisée en treize parties qu'ils appellent *cantons*, » dont chacun a ses magistrats, ses lois et ses coutumes particulières. Tous les » ans, ou plus souvent si les affaires de la république l'exigent, les députés des » cantons s'assemblent, tantôt dans un lieu, tantôt dans un autre, pour délibérer » de la paix, de la guerre, des alliances et des propositions des puissances qui » demandent que la nation permette par un décret public de lever des soldats » dans la Suisse, ou souffre que les particuliers s'enrôlent volontairement. Ces » assemblées sont appelées diètes comme en Allemagne. Quand ces peuples ont » accordé des soldats par un décret, les cantons eux-mêmes leur choisissent un » capitaine-général, auquel on donne une commission et des drapeaux au nom de » la république. Il y a au-dessous de la Suisse certaines villes et bourgades habi- » tées par des peuples appelés Valésans, parce qu'ils sont dans les vallées. Cette » nation est fort inférieure aux Suisses en nombre, en force et en courage. Un peu » plus bas est un autre peuple appelé les *Grisons*, qui se divisent en trois cantons » et qui, pour cette raison, prennent le titre de seigneurs des trois ligues. (Ces » trois ligues étaient : la ligue *Grise*, la ligue *Caddée* ou de la *Maison Dieu* et » la ligue des *Dix-Droitures*. Ils avaient pris leur nom de la première, et ce nom » provenait des écharpes grises que ceux de cette première ligue avaient coutume » de porter.) La principale ville du pays est Coire. Ils sont la plupart du temps » ligués avec les Suisses; ils vont à la guerre avec eux et ont à peu près les mêmes » lois et les mêmes usages; mais, moins braves qu'eux, ils le sont beaucoup plus » que les Valésans. » (*Histoire d'Italie*, liv. X, chap. III.)

une politique moins fière, et de ne pas marchander les concessions pour vivre en paix avec la France. Ce dernier parti l'emportait depuis l'émancipation, qu'il avait provoquée et hâtée comme le moyen le plus sûr de s'emparer du pouvoir. Marguerite, irritée de l'arrogance de ses adversaires, prit enfin la résolution d'écrire une apologie de ses actes. Elle-même, le 20 août 1515, présenta en plein conseil ce mémoire justificatif à son neveu; puis l'audiencier en donna lecture en présence du souverain, du seigneur de Chièvres, du comte Palatin, du seigneur de Ravestein, du prince de Chimay, du chancelier et d'autres personnages.

Marguerite se plaignait avec amertume du peu d'égards qu'on lui témoignait et protestait contre les censures et les calomnies auxquelles elle était en butte. Pour se justifier, elle rappelait les services qu'elle avait rendus pendant la minorité du prince. Elle déclarait hautement qu'elle s'était bien et loyalement conduite, délaissant tout profit particulier, servant le prince de cœur et non pas pour s'enrichir de ses biens. Si, dans le compte détaillé qu'elle communiquait au conseil, on trouvait quelque chose qui ne fût véritable, elle exprimait le désir que la contradiction se produisît en présence du prince même, afin qu'elle y pût répondre. « J'ayme » mieux, disait-elle à ce sujet, que l'on parle devant moy que » derrière. » Elle récapitulait ensuite tous les actes principaux de son gouvernement, depuis que l'empereur Maximilien lui avait confié la régence des Pays-Bas. Elle rappelait ses efforts pour s'opposer aux agressions du duc de Gueldre aidé par le roi de France; la part qu'elle avait prise à l'alliance avec l'Angleterre et au traité de Cambrai, qui n'avait pas été conclu sans grande peine ni travail; les tentatives qu'elle avait faites, afin d'obtenir la neutralité du duc de Gueldre après le traité de Cambrai, et, ces tentatives ayant échoué, l'appui qu'elle avait reçu des Anglais pour tâcher d'abattre cet infatigable adversaire. Elle repoussait bien loin le reproche qu'on lui faisait d'avoir recommencé la guerre contre la Gueldre, puisqu'elle n'avait d'abord rien épargné pour désarmer Charles d'Egmont. D'autre part, elle s'enorgueillissait de l'assistance qu'elle-même avait donnée aux Anglais lors de leur débarquement à Calais, car de cette coopération devait résulter, croyait-elle alors, un grand bien pour la maison d'Autriche et même la possibilité de recouvrer le duché de Bourgogne. Aussi ne cachait-elle point les regrets qu'elle avait éprouvés de l'accord trop prompt qui avait été conclu par les Anglais avec la France, malgré tous ses efforts pour empêcher cette réconciliation prématurée. Et quelle avait été la récompense de ses services et de ses sacrifices, car elle avait servi gratuitement sans toucher un denier comme régente, et après avoir dépensé plus de trois cent mille florins de ses biens propres? On lui avait laissé ignorer le dessein d'émanciper le prince, auquel, si elle l'avait connu, elle se serait prêtée de meilleure grâce que tout autre. On ne lui témoignait plus que de la défiance et on cherchait, par des imputations calomnieuses, à la desservir auprès de son neveu. On s'ingéniait, en outre, à retarder le payement de sa pension, tandis qu'il n'y avait seigneur qui ne se tînt pour bien assuré d'avoir la sienne. « Sy la » mienne est plus grande, ajoutait-elle en s'adressant directement » au prince, aussi suis-je vostre unicque tante et n'ay aultre filz » ni héritier que vous, et ne congnois celluy à qui vostre honneur » touche plus que à moy. Vous pouvez estre asseuré, Monseigneur, » que quand il vous plaira vous servir de moy et me traicter et » tenir en telle estime que la raison veult, je vous serviray bien » et léalement, et y exposerai ma personne et mes biens, comme » j'ay ci-devant fait. Mais s'il vous plaist de croire légièrement ce » qu'on vous dit de moy et me souffrir traicter comme je vois le » commencement, aymerois trop mieulx de porvoir à mes petites » affaires et me retirer gracieusement, comme desjà l'ay fait supplier à l'Empereur par mon secrétaire Marnix, quand dernièrement il fust devers luy (1). »

Le jeune prince, après avoir entendu cette éloquente justification, dit, et le chancelier déclara de même, par son ordre « qu'on » tenait Madame pour bien deschargée de toutes choses, avec » autres belles et bonnes paroles et promesses. »

Mais ces promesses furent bien vite oubliées. Le seigneur de

(1) Voir ce mémoire plein d'intérêt dans la *Correspondance de Marguerite d'Autriche*, etc., t. II, pp. 117 à 150.

Chièvres et ses amis reprirent bientôt leur ascendant sur l'esprit du jeune prince et cherchèrent de nouveau à lui rendre sa tante suspecte, afin d'exercer le pouvoir sans partage. Pour dégoûter Marguerite du gouvernement, on continuait à lui dérober la connaissance des affaires les plus importantes, et on alla même jusqu'à gêner et peut-être intercepter la correspondance qu'elle entretenait avec l'Empereur, son père. C'est ainsi que des conseillers ambitieux abusaient de l'empire qu'ils avaient pris sur le jeune souverain et le rendaient ingrat envers la noble princesse qui s'était dévouée avec tant d'abnégation à la grandeur de la maison d'Autriche. Tous les services rendus par Marguerite, pendant les années si difficiles de la minorité, étaient ou méconnus ou mal interprétés; on ne lui tenait aucun compte de ses sacrifices; on oubliait le tact supérieur qu'elle avait montré dans les négociations les plus vastes et les plus délicates; on ne se souvenait plus que, dans ce pénible gouvernement des Pays-Bas, la fille de Marie de Bourgogne avait consumé ses jours et ses nuits à lever des armées, à chercher les moyens de remplir un trésor toujours vide, à modérer les exigences d'une aristocratie susceptible à l'excès, et à contenir le peuple accablé sous le poids d'impôts onéreux. Poussée à bout par le mauvais vouloir qu'elle rencontrait dans l'entourage du prince, Marguerite d'Autriche eut recours à la haute intervention de l'Empereur, son père. L'aïeul de Charles se prononça vivement, quoique avec une certaine discrétion dans la forme, contre des procédés presque injurieux. Le 18 janvier 1516, il écrivit d'Augsbourg à son petit-fils pour lui recommander de toujours honorer sa tante, de lui conserver sa confiance entière, et de ne cesser de la consulter sur les plus grandes et les plus difficiles affaires du gouvernement (1).

(1) Maximilien s'exprimait en ces termes : « Nous ne faisons aucun doubte en » portant l'honneur et amour que debvez à nostre très-chère et très-amée fille, » dame Marguerite, archiducesse d'Austrie, duchesse et comtesse de Bourgongne, » douaigière de Savoye, etc., vostre tante, que vous ne luy communicquez vos » plus grands et arduez affaires et que ne prendez et usez de son advis et bon » conseil, de laquelle par raison naturelle trouverez et povez toujours plus espé- » rer de comfort, bon conseil et ayde, d'autant que en elle est, que de nul au-

1516. De même que Marguerite d'Autriche avait courageusement défendu les Pays-Bas pendant la minorité de son neveu, Ximenès de Cisneros, après la mort de Ferdinand le Catholique, sut aussi, par son incomparable énergie, conserver les royaumes espagnols pour le véritable héritier. Issu d'une famille appartenant à la petite noblesse de Castille, simple religieux de l'ordre de Saint-François, il s'était élevé, par son rare mérite et par la protection éclairée de la reine Isabelle, aux plus hautes dignités de l'Église et de l'État. Cardinal et archevêque de Tolède, membre du conseil de gouvernement ou de régence, sous Philippe le Beau et Ferdinand, il était le premier, après le roi. Il l'aidait, il le suppléait, il le remplaçait même à la tête des armées : on l'avait vu, en 1509, commander en personne la croisade qui fit une descente en Afrique et conquit Oran.

Ferdinand n'aimait point son petit-fils Charles et aurait voulu tout au moins amoindrir son héritage en lui enlevant les royaumes d'Aragon, de Naples et de Sicile. Aussi sa joie fut grande lorsque Germaine de Foix lui donna, en 1509, un fils auquel ces royaumes allaient appartenir légitimement. Mais l'enfant mourut au bout de quelques jours, et, malgré les ardents désirs de Ferdinand et de Germaine (1), Charles ne fut pas déshérité, et l'unité de l'Espagne ne reçut aucune atteinte. Sur son lit de mort, le vieux roi d'Aragon, éclairé par ses plus sages conseillers, consentit à révoquer un premier testament par lequel il donnait au prince Ferdinand, qui

» tre; en quoy comme léal père vous exhortons toujours continuer, en vous » requérant toujours affectueusement au surplus que par regard du travail » qu'elle a eue durant vostre minorité en l'administration de vos payz soubs » nostre main, *et aussi de ce qu'estes tout son cœur, espoir et héritier,* la vou- » loir traictier d'une honnête pension, telle que par ci-devant elle a eue, ainsi » que avons vraye fiance que ferez, comme l'ayant bien mérité envers vous. » Il le priait ensuite d'ordonner à son maître des postes de ne plus apporter d'entraves à la correspondance de l'Empereur avec l'archiduchesse et de faire remettre directement à celle-ci les lettres qui lui étaient destinées. (*Correspondance de Marguerite d'Autriche*, etc., t. II, p. 134.)

(1) Il y a, sur ce sujet, des détails curieux dans les lettres de Pierre Martyr Angleria, qui ne quittait pas Ferdinand, et dans l'histoire du cardinal Ximenès par le Dr Hefelé.

avait été élevé sous ses yeux, la régence de tous ses royaumes jusqu'à l'arrivée de l'archiduc, son frère, et lui conférait en même temps la dignité de grand maître des trois ordres militaires (1). Selon la remarque de Robertson, la première de ces dispositions mettait le jeune Ferdinand en état de disputer le trône à son frère, et la seconde l'aurait rendu, à tout événement, presque indépendant (2). Le vieux roi cassa ce testament, confia, jusqu'à l'arrivée de Charles, le gouvernement de l'Aragon à son fils naturel, don Alonzo, archevêque de Saragosse, et nomma régent du royaume de Castille le cardinal Ximenès. En même temps qu'il rétablissait Charles en tous ses droits, Ferdinand dictait une lettre où il recommandait à son petit-fils, de la manière la plus pressante, les intérêts de la reine Germaine de Foix (3).

(1) Ce premier testament avait été fait à Burgos en 1512.

(2) C'était aussi l'avis de Marguerite d'Autriche. « Pour rien au monde, mandait-elle à son père (21 mai 1510), l'on ne doit demander les maistrisatz de Saint-Jacques Callatrave et Alcantre pour l'infante don Fernando, ayns pour monseigneur le prince, car si ledit infante les avoit, ce seroit assez pour faire ledict prince quicte des royaumes de par delà... » (*Correspondance de Maximilien Ier, etc.*, t. Ier, p. 271.)

(3) Une copie de cette lettre remarquable et inconnue des historiens existe aux archives d'Ypres. Elle a été publiée récemment par M. Diegerick, conservateur de ce dépôt, un des plus précieux de la Belgique. On nous saura gré, sans doute, de reproduire ici la principale recommandation que le vieux roi dictait, à Madrigalejo, le 22 janvier 1516, veille de sa mort : « ..... Nous porterons avecq nous une » consolation et repoz, c'est ung certain espoir que vous aurez regart à elle » (Germaine de Foix), et la honnorerez et tracterez comme femme de vostre père » et grand-père, lequel vous a tant aimé, et soy tant travaillé d'esprit et de corps » pour vostre bien et l'augmentation et seurté de vostre succession en tous ses » roiaulmes et aux vostres. Lequel amour maintenant à nostre mort avons bien » monstré, selon que veirrez par nostre testament; car ce estoit bien en nous de » disposer à nostre volonté des roiaulmes en nostre vivant adjoutez à la roialle » couronne d'Arragon, laquelle chose ne avons voulu faire pour vous laisser tout » nostre mémoire et succession pour l'amour que à vous avons. Et en paiement » et recompense de tout ce, nous vous prions, et comme père requerons, que » ayez soin de accomplir tout le contenu en nostre dit testament, comme nostre » très-chier et très-aimé fylz, et principalement après les choses qui touchent » nostre âme, celles qui touchent la sérénissime régine, nostre très chère et très- » aimée compaignc, etc., etc. » *Quelques lettres et autres documents inédits*

Dès le mois d'octobre 1515, et dans la prévision de la mort prochaine de son aïeul, Charles avait envoyé en Espagne son ancien précepteur Adrien d'Utrecht, avec la mission de prendre possession du royaume de Castille aussitôt que Ferdinand aurait fermé les yeux. Il y avait donc deux régents : l'un, Ximenès, désigné par le testament du vieux roi; l'autre, Adrien d'Utrecht, choisi directement par Charles d'Autriche. Pour éviter un nouveau conflit, ils convinrent d'attendre que le prince eût formellement déclaré à qui des deux il voulait laisser la régence jusqu'à son arrivée en Espagne, et d'ici là, de gouverner ensemble et de signer en commun tous les décrets (1). Ximenès, quoique au déclin de la vie, car il était octogénaire, se mit aussitôt à l'œuvre avec une promptitude, une habileté et une vigueur extraordinaires, faisant prévaloir l'autorité du prince sur une noblesse altière, contenant les communes jalouses de leurs priviléges, défendant et conservant la Navarre, surveillant enfin avec la même vigilance les possessions et les conquêtes des Espagnols en Afrique et en Amérique.

Malgré les répugnances des principaux membres de son conseil, Charles confirma les pouvoirs que Ximenès avait reçus de Ferdinand; et, sans révoquer Adrien, à qui il ne cessait de témoigner la plus grande confiance et qu'il éleva bientôt au siége épiscopal de Tortose (2), il feignit de ne le désigner que comme son ambassadeur. Les deux prélats continuèrent d'administrer le royaume de Castille en commun. Ximenès ne sacrifiait rien par cet arrangement, car le caractère doux d'Adrien d'Utrecht était trop com-

concernant l'empereur Charles-Quint, publiés par M. I. Diegerick (Bruges, 1853), p. 5-6.

(1) Prescott, *History of the reign of Ferdinand and Isabella*; part. II, chap. XXIV.

(2) Par une lettre datée de Madrid, 12 juillet 1516, Adrien remerciait Marguerite d'Autriche à qui il attribuait sa promotion à l'évêché de Tortose, et se plaignait en même temps des intrigues de ses ennemis. Il lui aurait écrit fréquemment, disait-il, si tout ce qu'il faisait n'était vu de mauvais œil par certaines personnes. « J'espère, ajoutait-il, que Dieu fera en aucun temps apparoir si j'ai bien fait ou mal. » Il signait *Adrian d'Utrecht*. Voir *Correspondance de Marguerite d'Autriche*, etc., t. II, p. 136. — Un an après, le protégé de Marguerite d'Autriche était décoré de la pourpre romaine.

plétement subjugué par le fier génie de son collègue pour s'opposer à ses volontés (1).

Charles mit immédiatement à l'épreuve la popularité et l'énergie du puissant cardinal. Il ne pouvait porter en Castille et en Aragon, du vivant de sa mère, que le titre de prince régent; toutefois, il exprima le désir et même la volonté de prendre immédiatement le titre de roi. Malgré les objections de Ximenès et du conseil royal, il persista fortement dans ce projet, alléguant qu'on ne pouvait lui refuser une qualification dont le pape, l'Empereur et les cardinaux usaient à son égard. En présence de cette volonté si fermement exprimée, Ximenès fit taire ses répugnances, convoqua les grands et les prélats de Castille à Madrid, où il avait transféré le siége du gouvernement, et leur communiqua la lettre du prince. Voyant que ce projet était mal accueilli, Ximenès déclara aux grands mécontents qu'il se passerait de leur assentiment et que le jour même il ferait proclamer le roi Charles dans Madrid. La proclamation se fit en effet (le dernier jour de mai 1516), et l'exemple donné à Madrid fut imité dans les autres communes de Castille, tandis que, en Aragon, l'opposition fut insurmontable (2).

Ximenès avait reçu sur les dispositions de la cour de Bruxelles, des informations, très-intéressantes dans leur exagération même, de don Alonzo Manrique, évêque de Badajoz, lequel résidait auprès de l'héritier des couronnes d'Espagne. Ce prélat ne cachait point les défauts du jeune prince, s'étendait sur les tendances françaises et l'avidité de son entourage, constatait le peu de sympathie que l'on

(1) *Le cardinal Ximenès*, par Hefelé, chap. XXVI et Prescott, *History of the reign of Ferdinand and Isabella*, etc., part. II, chap. XXV. — Sur les instances des grands de Castille, mécontents des réformes de Ximenès, Adrien finit pourtant par écrire, à Bruxelles, qu'il ne pouvait plus faire contre-poids au pouvoir du cardinal. Alors on lui adjoignit successivement le seigneur de la Chaulx et Paul Armerstorff, deux hommes d'une grande fermeté et d'un talent réel; mais leur présence ne diminua point non plus l'autorité de Ximenès. Il continua d'agir comme étant seul investi du pouvoir.

(2) Les Aragonais refusèrent au prince Charles le titre de roi jusqu'à ce que leurs cortès eussent décidé s'il pouvait le porter du vivant de sa mère; et ils ne cédèrent sur ce point qu'à la diète de Saragosse, après l'arrivée de Charles en Espagne. (Hefelé, *Le cardinal Ximenès*, p. 478.)

y témoignait aux Espagnols et signalait enfin les obstacles que l'on opposait au départ du prince, désiré au delà des Pyrénées et redouté dans les Pays-Bas. « Le prince, disait l'évêque de Badajoz » (en 1516), est doué de très-bonnes dispositions et d'un grand » caractère; mais on l'a élevé et on l'élève encore loin du monde, » et particulièrement des Espagnols. Il ne sait dire un seul mot en » espagnol, quoiqu'il le comprenne un peu. Il est dominé à tel » point qu'il ne sait faire ni dire autre chose que ce qu'on lui sug- » gère, ou ce qu'on lui dit. Il écoute beaucoup son conseil auquel » il montre une grande déférence. Le personnage qui gouverne, » et par la main duquel tout se fait absolument ici, est M. de » Chièvres. Il est natif de France, de père et mère français; et » tous les autres qui participent actuellement aux affaires sont » français aussi, ou sont tellement attachés à la France que cela » revient au même. Ils tiennent le prince très-assujetti au roi de » France, au point qu'il lui écrit servilement et met au bas de ses » lettres : « Votre très-humble serviteur et vassal. »

Faisant ensuite allusion au traité de Noyon, le fier Castillan poursuivait ses amères remarques sur cet abaissement de l'héritier des Espagnes devant la France : « Les arrangements qui se firent » récemment avec cette couronne furent peu honorables. Il impor- » tait, sans doute, que ces deux princes fussent d'accord, parce » que, étant les plus puissants de la chrétienté, ils peuvent par leur » union lui procurer un grand bien et étendre leur pouvoir jusque » sur les infidèles. Toutefois, je ne pense pas qu'ils puissent s'en- » tendre longtemps, car les Français n'observent ni la fidélité ni » l'amitié, et il est probable qu'ils l'observeront moins encore » envers le prince, à cause de la jalousie qu'ils ont de ce qu'il est » plus grand et plus puissant seigneur que leur maître. Déjà ils ont » arrêté tous les courriers que nous avons envoyés en Espagne et » ont voulu voir leurs dépêches, et ils en ont usé de même envers » les courriers envoyés d'Espagne aux Pays-Bas. Le prince écrivit » au roi, afin de pouvoir établir des postes dans son royaume sur » la route d'Espagne; et non-seulement le roi dissimula et ne ré- » pondit pas, mais il en agit comme il a été dit. Dans cette cour, » on craint et on aime les Français, et il n'y a pour eux d'autre

» pays au monde que la France. Cela va jusqu'au point, et c'est » une chose bien douloureuse à voir, que l'ambassadeur de France » n'est pas considéré et traité comme ambassadeur, mais comme » s'il était le chambellan du prince et avait charge d'assister à » son lever et à son coucher; il ne quitte pas plus la chambre que » ceux qui sont attachés à la personne du prince. »

L'évêque ajoutait des informations importantes sur les délibérations qui avaient eu lieu au sujet du départ de Charles pour l'Espagne : « On s'est occupé ici du voyage du prince, et, le 24 février, jour de saint Mathias, il a été décidé dans un conseil, où » tout le monde a donné son avis, que S. A. se rendrait en Espagne » au plus tôt et qu'elle s'embarquerait vers la Saint-Jean. Déjà l'on » travaille à réunir des fonds et tout ce qui est nécessaire. Bien que » tout le monde paraisse être fixé sur ce point, il ne faut pas encore » trop y compter; car aujourd'hui on décide une chose et demain » une autre. Le cardinal doit donc insister dans ses lettres, et le » royaume entier se joindre à lui pour que ce voyage se fasse immédiatement, vu les avantages qui en résulteront, et les inconvénients qu'entraînerait, au contraire, un plus long retard. On a su » ici tout ce que le seigneur cardinal a fait; comment, avant la mort » du roi il s'est pourvu de cavaliers et d'infanterie, afin d'assurer la » pacification du royaume, et les mesures qu'il a prises pour la » garde des frontières et les affaires du dehors; on a été informé » aussi de sa réunion avec les grands, des merveilles qu'il a opérées; » tout cela a trouvé ici une approbation générale. Sa Seigneurie » gouvernera en la présence comme en l'absence du prince; elle » peut s'en flatter, car c'est ici le vœu de chacun. Qu'elle s'efforce » donc de faire réaliser le voyage projeté de S. A., voyage qui est » d'une si grande importance. Alors même que le départ du prince » devrait avoir lieu dans un bref délai, il conviendrait que le cardinal » envoyât en cette cour quelqu'un qu'on sût lui être dévoué, pour » négocier et parler en son nom : bien que Sa Seigneurie possède » ici beaucoup de serviteurs, cette démarche serait prudente (1). »

(1) Cette curieuse relation a été insérée par M. Gachard dans les *Bulletins de la Commission royale d'histoire*, 1re série, t. X.

Malgré l'affirmation contraire de l'évêque de Badajoz, qui sans doute voulait flatter Ximenès, il était certain que les conseillers intimes de Charles voyaient avec dépit le pouvoir exorbitant que s'arrogeait le fier cardinal. Mais les réformes qu'il poursuivait avec tant de vigueur ne fortifiaient pas seulement l'autorité du prince, elles permettaient aussi de satisfaire l'avidité de ses courtisans. Pour ces motifs, Chièvres jugea convenable de dissimuler sa jalousie et de ménager encore l'inflexible régent. Ximenès retira toutes les terres de la couronne que Ferdinand avait aliénées; retrancha les pensions dont la jouissance ne lui paraissait pas suffisamment motivée, modéra ou supprima quantité de dépenses inutiles qui grevaient le trésor royal et cassa un grand nombre d'officiers également superflus. Mais l'État seul ne profitait point de ces économies: les ressources qui en provenaient allaient surtout alimenter l'insatiable avarice de Chièvres, de Sauvaige et des autres ministres qui se proposaient de pressurer les Espagnols comme ceux-ci traitaient les Indiens. Ximenès finit par représenter au prince que, depuis les quatre mois qu'il régnait, il avait plus dépensé que les rois catholiques, ses grands parents, pendant les quarante années de leur règne (1).

Ximenès avait aussi montré beaucoup d'énergie pour défendre

(1) Prescott, *History of the reign of Ferdinand and Isabella, etc.*, part. II, chap. XXV, et Hefelé, *Le cardinal Ximenès*, p. 500. Dans sa longue dépêche au cardinal Ximenès, citée ci-dessus, l'évêque de Badajoz signalait sans ménagement les exactions et les concussions des conseillers intimes de Charles : « Il » est bon que le seigneur cardinal sache, disait-il, que la passion qui règne sur- » tout chez les gens de ce pays, c'est la cupidité : car dans tous les états, quelque » religieux que l'on soit, on ne considère pas cela comme un péché ou comme un » mal. Le chancelier de Bourgogne lui-même (Jean le Sauvaige), quoiqu'il soit » fort habile pour son emploi, et personne honorable, passe pour ne pas être » exempt de ce défaut, et l'on en dit autant des autres qui participent aux af- » faires et au gouvernement.... On a été jusqu'à prétendre que le doyen de Lou- » vain (Adrien d'Utrecht), qui est là-bas, avait reçu quelque chose, mais l'évêque » ne le croit pas, parce qu'il tient ledit doyen pour un saint homme. » Du reste, Alonzo Manrique n'eut pas à se plaindre personnellement du roi Charles et de ses ministres : du siége de Badajoz, il fut d'abord transféré sur celui de Cordoue; il devint ensuite archevêque de Séville et cardinal.

et consolider l'Inquisition, comme institution religieuse et politique. Il avait été fait depuis peu des exécutions sanglantes de juifs et de mahométans, qui, après avoir embrassé la religion chrétienne, étaient retournés à leur premier culte. Leurs compatriotes gémissaient de ce qu'on faisait périr tous les jours un grand nombre d'innocents dont tout le crime consistait à avoir des ennemis intéressés à leur perte. Les juifs et les Mores convertis, après s'être plaints longtemps, mais vainement, du pouvoir exorbitant du saint-office, prirent le parti d'envoyer des députés à Bruxelles pour obtenir du roi que l'Inquisition fût obligée de se conformer aux usages des autres tribunaux où les délateurs et les témoins étaient ouvertement confrontés avec les accusés. Ils appuyaient leur demande par de grands présents à tous ceux du conseil, et offraient au roi même 80,000 écus d'or s'il voulait accéder à leur requête (1). Le conseil de Charles était disposé à accueillir le vœu qui lui était transmis. Mais Ximenès, informé de ces sollicitations, écrivit fortement au roi pour le dissuader de rien changer aux institutions établies. Il lui rappela le refus que Ferdinand, son aïeul, avait opposé à ces mêmes gens lorsqu'ils lui avaient offert jusqu'à 600,000 écus d'or dans le plus grand besoin d'argent qu'il eût jamais eu, c'est-à-dire lorsqu'il était sur le point d'entreprendre la conquête de la Navarre. Il ajouta que, si l'on réformait l'Inquisition, celle-ci ne trouverait plus de *témoins*, ou que, si elle en produisait, ils seraient tous les jours exposés à être

(1) Dans le mémoire de l'évêque de Badajoz, cité ci-dessus, on trouve les détails suivants sur les instances faites auprès de Charles pour obtenir des changements à l'Inquisition : « Il y a ici, depuis un certain temps, quelques Espagnols » qui parlent très-mal de l'Inquisition, alléguant beaucoup d'actes exorbitants » qu'elle aurait commis et disant qu'elle est cause de la ruine de ce royaume » (Espagne). Il est évident qu'ils tendent à faire abolir ce tribunal ou à lui faire » perdre de son autorité. Ici on est entièrement neuf dans les matières d'hérésie » et en ce qui touche l'inquisition ; les informations de ceux qui veulent nuire » pourraient donc faire impression, surtout parce que l'argent ne sera pas épargné dans ce dessein.... » — Ximenès exerça pendant dix années les fonctions de grand inquisiteur de Castille et de Léon. Llorente avait avancé que, pendant son administration, deux mille victimes périrent dans les flammes; Hefelé estime qu'il faut en rabattre près de la moitié.

poignardés par les accusés ou par leurs partisans. Les députés des juifs et des Mores furent renvoyés, et l'ancien mode de procédure maintenu (1).

1517. Ximenès, cependant, tout en redoublant de vigueur pour contenir la noblesse frémissante et les villes exaspérées, commençait à s'effrayer de la fermentation qui régnait dans la Castille. Burgos, Léon, Valladolid et d'autres cités protestèrent ouvertement contre la vénalité des conseillers étrangers du roi, et demandèrent la convocation des cortès générales, afin de remédier promptement aux abus. Le régent et le conseil royal de Castille durent céder à ce vœu populaire et promettre la réunion des cortès pour le mois de septembre 1517. En même temps, ils appuyèrent auprès de Charles les légitimes réclamations des villes castillannes, et le conjurèrent de ne plus différer son départ (2). Pour apaiser le peuple, le régent s'empressa aussi de faire préparer et d'envoyer dans les Pays-Bas la flotte qui devait amener le roi en Espagne.

Charles fut enfin convaincu qu'il ne pouvait plus différer son voyage. Mais, avant de s'éloigner des Pays-Bas, il jugea prudent de resserrer encore son alliance avec François Ier. Au mois de mars (1517), les négociateurs du traité de Noyon, le S[gr] de Chièvres et Arthus Gouffier, eurent de nouvelles conférences à Cambrai, et y confirmèrent ostensiblement l'alliance conclue précédemment

(1) *Histoire du ministère du cardinal Ximenès*, par Marsolier (Toulouse, 1694, 1 vol. in-12), *passim*. — Prescott, *History of the reign of Ferdinand and Isabella*, part. II, chap. XXV.

(2) La lettre adressée, en cette occasion, au roi, par Ximenès et le conseil royal, était extrêmement remarquable par sa sincérité. Ils lui rappelaient l'exemple des rois catholiques, ses grands parents, qui n'avaient rien eu tant à cœur que de confier les charges publiques à des hommes recommandables ; ils disaient que jamais personne, sous leur règne, n'avait été condamné par la loi *Julia de repetundis, etc.* Ils ajoutaient : « L'Espagne entière, prosternée » suppliante à vos pieds, vous prie et vous conjure instamment de pourvoir » à ses intérêts, de réprimer la cupidité des hommes corrompus, d'arrêter le » progrès des vices, et de veiller à la tranquillité de vos royaumes. La chose » sera facile si vous laissez l'Espagne, cette illustre nation, toujours si dévouée » à ses princes, se gouverner et vivre selon les lois de ses pères et les anciennes » traditions de ses ancêtres.... » (*Le cardinal Ximenès*, par Hefelé, pp. 534-536.)

entre le roi de France, d'une part, le Roi Catholique et l'Empereur, son grand-père, de l'autre (1). Ils allèrent plus loin encore : afin d'enlever tout prétexte de guerre, ils arrêtèrent secrètement une nouvelle coalition contre Venise dont les dépouilles serviraient à concilier toutes les prétentions. Un *royaume d'Italie*, auquel les seigneuries de Venise et de Florence serviraient de fondements, serait créé au profit du Roi Catholique ou de son frère, l'archiduc Ferdinand. D'un autre côté, on instituerait, pour François Ier, un *royaume de Lombardie*, formé principalement du duché de Milan, de la seigneurie de Gênes et du Piémont. Les deux royaumes, entre lesquels était partagée presque toute l'Italie, seraient tenus en fief de l'Empereur. On stipulait, au surplus, que ce traité serait considéré comme non avenu s'il n'avait pu être mis à exécution dans un délai de deux ans (2).

Au mois de juin, les états généraux des Pays-Bas furent réunis à Gand, et le Roi Catholique prit congé d'eux. Il leur fit déclarer, par le chancelier de Bourgogne, que, dans le dessein d'assurer le repos du pays, il avait traité avec les rois de France et d'Angleterre; qu'il allait se rendre en Espagne, et que, pendant son absence, sa tante, l'archiduchesse Marguerite d'Autriche, exercerait la régence. Il requit les états de lui obéir comme à lui-même, et de rester unis (3).

(1) Dumont, *Corps diplomatique*, t. IV, I, p. 256.

(2) *Monumenta habsburgica*, II, I, p. 37. Cette convention secrète fut ratifiée par Charles, à Lierre, le 14 mai, et par François, à Abbeville, le 14 juillet 1517.

(3) Gachard, *Des anciennes assemblées nationales, etc.*, § 11. — Charles, suivant la remarque de M. Le Glay, laissa en réalité le gouvernement des Pays-Bas à un conseil de régence où sa tante n'avait guère que voix consultative. Mais il ne tarda point à reconnaître qu'une telle conduite n'était pas conforme à ses vrais intérêts. Par un édit promulgué à Saragosse, le 24 juillet 1518, il rendit à sa tante la signature de tous les actes, la garde du signet des finances et la collation de tous les offices. En conséquence, la circulaire suivante fut publiée dans les Pays-Bas au nom du souverain qui s'exprimait en ces termes : « Par nos » lettres patentes données en nostre cité de Sarragoce, le XXIIIIme jour de juillet » derrain passé, et pour les causes contenues en icelles, Nous avons ordonné que » nostre très-chière dame et tante, dame Marguerite, archiducesse d'Austrice,

Le jeune souverain avait également annoncé aux états qu'il emmènerait avec lui sa sœur, la princesse Éléonore, et qu'il renverrait prochainement aux Pays-Bas Ferdinand, son frère. La présence de ce prince en Espagne pouvait occasionner les plus graves embarras et provoquer une guerre civile. Déjà, à l'époque de la mort du roi d'Aragon, son aïeul, Ferdinand d'Autriche, trompé par son entourage, avait voulu, en s'appuyant sur le premier testament du Roi Catholique, faire déclarer illégale la régence de Ximenès et prendre lui-même l'administration du royaume. Les artifices les plus grossiers étaient même employés pour entretenir l'ambition du jeune prince (1). Son gouverneur P. Nuñez de Guzman, commandeur de l'ordre de Calatrava, et son précepteur Osorio, évêque d'Astorga, cherchèrent enfin à tirer parti du mécontentement des Espagnols contre le roi légitime pour élever Ferdinand au trône. Averti de ces menées, Charles, au moment de quitter les Pays-Bas, signa une lettre par laquelle il ordonnait à Ximenès d'enjoindre à Nuñez de Guzman de retourner dans sa commanderie et à l'évêque d'Astorga de rentrer dans son diocèse. Il désignait les personnages qui devaient les remplacer auprès de l'archiduc et dont le principal était le sieur de la Chaulx. « Nous » voulons, ajoutait-il, que l'un de ces personnages couche tou-

» douaigière de Savoye, etc. signera doresenavant de sa main toutes les lettres » closes et patentes, actes et autres enseignements, qui se despescheront de par » nous, et pour nos affaires de par deçà, que avons ordonné devoir estre signez » de nostre cachet. En mectant en la signature ces motz : *Par le Roy. Marguerite;* qu'elle aura la garde du signet de nos finances, et qu'elle *seule* pourverra et disposera des offices de nos pays de par-deçà, dont avions donné » et délaissé la disposition à elle avec les chief et gens de nostre privé conseil » par ensemble, comme verrez et entendrez le tout plus à plain par la copie » desdites lettres-patentes, que vous envoyons avec cestes, etc. » (*Correspondance de Marguerite d'Autriche, etc.*, t. II, p. 140.)

(1) C'est ainsi que, le 8 juin 1516, Ferdinand étant à la chasse dans les environs de la maison royale du Pardo, un ermite s'était soudainement présenté devant lui et lui avait prédit qu'il serait roi de Castille, ajoutant que c'était la volonté de Dieu. Puis, il s'était enfui sur la montagne, sans que jamais on ait pu le découvrir. (*Histoire de l'empereur Charles V*, par Antoine de Vera, pp. 22-23.)

» jours dans sa chambre, comme M. de Chièvres couche dans la » nôtre, afin que, à son réveil, il ait quelqu'un avec qui il puisse » converser, si cela lui fait plaisir (1). »

Le jour même où il signait cette lettre, Charles s'embarquait à Flessingue avec sa sœur Éléonore, le S[gr] de Chièvres, le chancelier le Sauvaige et une suite nombreuse de gentilshommes belges. Pour pourvoir aux frais de son voyage et faire face aux nouvelles agressions du duc de Gueldre, le Roi Catholique venait d'emprunter à Henri VIII, son oncle, une somme de 100,000 florins d'or (2).

Poussé par des vents contraires à Tazones, en Asturie, où personne ne l'attendait, Charles séjourna quelque temps dans la ville voisine de Villaviciosa (3). Tandis qu'il s'approchait des côtes espagnoles, Ximenès se trouvait dans le couvent des franciscains d'Aguilera, près d'Aranda, où il s'était rendu pour rétablir sa santé défaillante (4). Mais la nouvelle de l'arrivée du roi parut le ranimer. Il adressa aussitôt au jeune monarque des lettres remplies des plus sages conseils sur les moyens de se concilier l'affection du peuple. De son côté, Charles envoya aussi des messages qui exprimaient au cardinal le plus vif intérêt et témoignaient de la plus grande déférence. Mais les ministres belges, redoutant l'ascendant que Ximenès pourrait acquérir sur le jeune roi, employèrent tous leurs efforts pour empêcher qu'ils ne se trouvassent réunis et pour combattre les dispositions favorables que Charles avait manifestées spontanément à l'égard de l'homme illustre qui lui avait conservé la Castille. Ils cherchèrent à le retenir dans le Nord; puis,

(1) Lettre écrite de Middelbourg, le 7 septembre 1517, dans les *Papiers d'État du cardinal de Granvelle*, t. I, pp. 89 et suiv.

(2) *Monumenta habsburgica*, t. II, 1, pp. 45 et suiv. Cet emprunt fut demandé de Middelbourg, où Charles se trouvait déjà au commencement de juillet.

(3) Les habitants de la côte, prenant d'abord la flotte de Charles pour une escadre française, s'armèrent et vinrent occuper la colline le long de la mer, après avoir caché leurs femmes et leurs enfants dans les montagnes. Ils ne furent détrompés que lorsque le roi eut fait déployer ses armes, le lion de Léon et les tours de Castille. (*Le cardinal Ximenès*, par Hefelé, p. 557.)

(4) M. Prescott n'a pas accueilli, faute de preuves suffisantes, les tentatives d'empoisonnement qui auraient occasionné la maladie de Ximenès.

sous leur détestable influence, le jeune prince écrivit à Ximenès une nouvelle lettre par laquelle il l'écartait non-seulement de la régence, mais encore de toutes les affaires du royaume.

Lorsque cette dernière communication parvint à Roa, où Ximenès s'était fait transporter pour se rapprocher du jeune souverain, l'illustre cardinal était aux portes du tombeau. Adrien, qui se trouvait près de lui, ne lui communiqua point la décision royale, et Ximenès mourut sans avoir eu connaissance de l'acte d'ingratitude arraché à la faiblesse de Charles. Il rendit sa grande âme à Dieu le 8 novembre 1517, âgé de quatre-vingt-deux ans (1).

1518. Trois mois après la mort de Ximenès, le 7 février 1518, Charles, accompagné d'une suite nombreuse, fit son entrée solennelle à Valladolid, où les cortès lui prêtèrent serment et le reconnurent, conjointement avec la reine sa mère, comme roi de Castille, de Léon, de Grenade et des dépendances de ces royaumes. Charles en informa immédiatement François Ier, qui venait de lui envoyer comme ambassadeur le sieur de la Roche, et, en lui réitérant ses protestations affectueuses, exprima le désir de voir leur alliance devenir plus étroite encore (2). Cependant les marques de déférence

(1) *History of the reign of Ferdinand and Isabella*, etc. P. 11, chap. XXV; *Le cardinal Ximenès*, franciscain, p. 565. — La lettre si célèbre, qu'on a longtemps considérée à tort comme ayant hâté la fin de Ximenès, n'était point d'ailleurs une brutale révocation. Charles lui mandait qu'il avait le dessein, avant la tenue des cortès convoquées à Valladolid, d'aller à Tordesillas pour y rendre les devoirs à la reine, sa mère, et qu'il passerait à Moyados, où il le priait de se trouver, pour conférer avec lui sur les affaires de l'État. Puis il ajoutait qu'après qu'il aurait pris ses conseils, il était juste de le décharger du poids des affaires afin qu'il pût s'occuper uniquement du soin de sa santé et passer tranquillement le reste de ses jours dans son diocèse; que Dieu seul pouvait le récompenser des grands services qu'il avait rendus à l'État; que, pour lui, il l'honorerait toute sa vie comme un père.

(2) Charles s'exprimait en ces termes : « ... Monsr, pour continuation de la » fervente amour que je vous porte, vous ay voulu, comme bon filz à bon père, » advertir de la prospéreuse succession de mes affaires de par-deçà; et sont telz » que, en rendant grâce à nostre Créateur, qui le tout dirige, le jour d'hyer, au » temple de nostredit Créateur, après la messe solennellement célébrée, notable- » ment accompaignié de plusieurs ambassadeurs, et mesme du vostre, manific- » quement et solennellement suis esté receu et juré pour roy et seigneur en ces

des Castillans dissimulaient mal l'aversion que leur inspiraient l'orgueil excessif, l'injuste partialité, et la cupidité cynique des étrangers qui entouraient le roi et qui abusaient de sa confiance et de ses faveurs. Cette haine fut portée au comble lorsqu'on vit les ministres flamands se partager les plus hautes fonctions de l'État, lorsque Jean le Sauvaige fut revêtu de la dignité de chancelier de Castille et Guillaume de Croy, neveu du seigneur de Chièvres, appelé, malgré sa jeunesse, à remplacer Ximenès sur le siége métropolitain de Tolède (1).

Charles, sans trop se préoccuper de ce mécontentement, prit toutefois une mesure qui devait en diminuer les périls. Il voulut que son frère fût éloigné sans retard de l'Espagne et ramené dans les Pays-Bas (2). Il se dirigea ensuite vers l'Aragon et, le dimanche

» mes royaulmes de Castille, Léon, Grenade et leurs dépendances, par les prélats, grands et nobles et les gens représentans les estats desdits royaulmes, unanimement, avec une si très-grande révérence, bonne veulle et allégresse, et davantaige tous si bien disposez et enclins à me faire service, que mieulx n'est possible... » (*Analectes belgiques* de M. Gachard, p. 192.)

(1) Jean le Sauvaige, de Bruxelles, seigneur d'Escaubeke et de Bierbeke, exerçait, depuis l'émancipation du prince, les fonctions de grand chancelier des Pays-Bas ou de Bourgogne. Il ne jouit pas longtemps de la nouvelle dignité qui lui avait été conférée en Castille, car il mourut à Saragosse, le 7 juin 1518. — En 1518, Jean-Louis Vivès, le célèbre humaniste, dirigeait encore à Louvain les études du jeune Guillaume de Croy, déjà cardinal depuis 1512, et archevêque désigné de Tolède (Mémoire sur J.-L. Vivès, par M. Namèche, dans les *Mém. cour. de l'Académie royale de Bruxelles*, t. XV, p. 18). — Du reste, l'élévation de son neveu au premier siége de l'Espagne ne fut pas la seule faveur accordée au seigneur de Chièvres : indépendamment des pensions et autres avantages qui lui furent concédés, il reçut, à titre de don, le duché de Soria au royaume de Naples; Charles le créa en outre amiral de ce royaume et capitaine général des armées maritimes, etc. (Gachard, *Recherches historiques sur les princes de Chimay,* dans les *Bulletins de la commission royale d'histoire,* 1re série, t. XI, Ire p., pp. 126 et suiv.)

(2) Selon Robertson, Charles dut à cette sage précaution la conservation de ses domaines en Espagne, car Ferdinand, dit-il, ne manquait ni d'ambition ni de conseils qui l'auraient déterminé à accepter l'offre d'un royaume au milieu des troubles violents qui s'élevèrent bientôt. Ximenès avait d'ailleurs conseillé au roi d'abandonner à son frère, en tout ou en partie, les possessions héréditaires qu'il recueillerait en Allemagne.

9 mai, accompagné des ambassadeurs de tous les souverains ses alliés, il fit son entrée solennelle à Saragosse. Après avoir juré, en présence des cortès d'Aragon, de maintenir les antiques et célèbres priviléges de ce royaume, il joignit la couronne qu'avait portée Ferdinand le Catholique à celles qu'il tenait de son aïeule Isabelle. Charles, alors au comble de ses vœux, reporta sa pensée vers les Pays-Bas où son cœur était demeuré, disait-il lui-même. Il adressa aux principales villes une lettre qui les informait de l'heureux succès de son voyage et de son avénement comme roi de Castille et d'Aragon (1).

Cependant le mécontentement des Castillans augmentait. Ségovie, Tolède, Séville et plusieurs autres villes du premier ordre, après avoir formé une confédération pour la défense de leurs droits et de leurs priviléges, adressèrent au jeune souverain un exposé détaillé de l'état du royaume et se plaignirent vivement de la nomination d'étrangers aux principaux emplois, de l'exportation de l'argent monnayé et de l'augmentation des taxes (2). Ces remon-

(1) Il leur disait dans cette lettre circulaire du 10 mai 1518, que, après avoir été *reçu et juré à roy* dans ses royaumes de Castille, Léon, Grenade et leurs *appartenances* et obtenu pour sa bienvenue une *bonne ayde*, il était venu en son royaume d'Aragon et avait fait la veille son entrée à Saragosse, accompagné des ambassadeurs du pape, de l'Empereur son grand-père, des rois de France, d'Angleterre, de Portugal et de la seigneurie de Venise, ainsi que de plusieurs de ses plus grands et principaux vassaux de la Castille. Après s'être félicité de l'accueil honorable qu'il avait également reçu dans la capitale de l'Aragon, il croyait, disait-il, devoir communiquer ces bonnes nouvelles à ceux qui l'avaient si loyalement aidé. Il ajoutait : « Et combien que nostre personne vous soit » eslongniée, néantmoins nostre cœur et bon vouloir vous demeure prochain, » vous ayant continuellement en nostre bonne souvenance et recommandation. » Et pour tant plus le démonstrer envoyons par-delà nostre très-amé frère, don » Fernande, lequel est passé six jours au port de mer attendant vent propice » pour partir.... » M. Diegerick a publié (*Documents inédits concernant l'empereur Charles-Quint*, pp. 8-9) la lettre qui fut adressée aux magistrats d'Ypres et dont l'original, signé de la main du jeune souverain, existe encore dans les archives de cette ville. De son côté, M. Gachard a inséré dans ses *Analectes belgiques*, p. 195, la même lettre adressée aux communemaîtres et échevins de Malines.

(2) *Histoire de Charles-Quint*, par Robertson, liv. Ier.

trances, d'abord présentées sans succès à Saragosse, furent renouvelées à Barcelone, où Charles s'était ensuite rendu pour prendre possession de la Catalogne. Mais, dans son inexpérience, le prince ne fit encore que peu d'attention à ces légitimes réclamations. Ni lui ni ses conseillers n'appréciaient l'importance d'une ligue, qui révélait pourtant la profonde irritation de la bourgeoisie et qui devait bientôt donner naissance à un formidable soulèvement.

D'autres soins allaient distraire la vigilance et la sollicitude du jeune et fortuné souverain. Non content de régner sur les Pays-Bas et les royaumes espagnols, non content d'être possesseur de l'héritage des maisons de Bourgogne, de Castille et d'Aragon, le petit-fils de Maximilien devait encore aspirer à la dignité impériale, comme un complément nécessaire de sa grandeur, comme un attribut naturel du chef futur de la maison d'Autriche.

CHAPITRE V.

CHARLES-QUINT ET FRANÇOIS Ier.

François Ier fait les premières démarches pour obtenir la couronne impériale. — Trois électeurs se déclarent pour lui. — Charles d'Autriche avertit son aïeul Maximilien de ces pratiques hostiles. — Ce prince, après avoir tenté de joindre la tiare à la couronne impériale, offre à Henri VIII d'abdiquer en sa faveur la dignité de roi des Romains. — Ce projet était-il sincère? — Maximilien se détermine à faire nommer un de ses petits-fils pour son successeur et finit par soutenir la candidature du Roi Catholique. —Démarches faites par Maximilien pour gagner les électeurs. — Les archevêques de Mayence et de Cologne, ainsi que le comte palatin et le margrave de Brandebourg, engagent leur vote au Roi Catholique. — François Ier s'aliène aussi d'autres personnages influents, les la Marck et Franz de Sickingen. — Malgré leur rivalité déjà avouée, François et Charles conservent des relations pacifiques; projet de mariage entre le Roi Catholique et la princesse Charlotte de France. — Mort de Maximilien Ier. — Cet événement remet tout en question. — Le roi de France brigue ouvertement la couronne impériale et confie cette importante négociation à des personnages considérables. — Marguerite d'Autriche veille sur les intérêts de son neveu. — Mission de Jean de Marnix en Allemagne. — Nouvelles alarmantes transmises par Maximilien de Berghes. — Instructions envoyées par le Roi Catholique. — Représentations de Marguerite d'Autriche et du conseil privé des Pays-Bas. — Négociations avec le duc de Gueldre pour le détacher de l'alliance française; elles échouent. — François Ier essaie, non sans succès, de regagner le comte palatin, le margrave de Brandebourg, son frère l'archevêque de Mayence et l'électeur de Cologne. — Marguerite d'Autriche et le conseil privé des Pays-Bas, très-alarmés, proposent de solliciter l'Empire en faveur de l'archiduc Ferdinand. — Mécontentement de Charles; il s'oppose formellement à cette combinaison. — Marguerite et le conseil privé s'excusent. — Démarches astucieuses de Henri VIII, afin d'obtenir pour lui-même la couronne impériale. — Les envoyés de Charles disputent de nouveau à François Ier les voix des électeurs qui se sont laissé regagner par les agents français. — Détails sur ces négociations et sur les transactions pécuniaires qui en sont le complément. — Mission remplie par Maximilien de Berghes en Suisse. — Politique de Léon X dans cette grande lutte. — Conférence des ambassadeurs du pape avec les quatre électeurs des bords du Rhin à Ober-Wesel; irritation des agents autrichiens. — Léon X ne désirait point un empereur aussi puissant que le roi de France ou le Roi Catholique; toutefois, il préférait encore ce dernier. — Henri VIII accrédite le docteur R. Pace en Allemagne. — Démarches directes du comte Henri de Nassau, principal ambassadeur du Roi Catholique, auprès des électeurs. — Nouvelles transactions avec les ambassadeurs de Charles, et avec ceux du roi de France. — Conférences de Montpellier. — Les électeurs se rendent à Francfort-sur-le-Mein. — Manifeste de Charles d'Autriche. — Protestation du duc de Gueldre contre la candidature de ce prince. — La corruption se glisse jusqu'au sein même de la diète. — Les troupes de la ligue de Souabe, soldées par le Roi Catholique, entourent Francfort. — Ouverture de la diète électorale. — Frédéric de Saxe, à qui la couronne impériale est d'abord offerte par l'instigation des agents français, décline cet honneur. — L'archevêque de Mayence soutient la candidature du Roi Catholique et l'archevêque de Trèves celle de François Ier. — Frédéric de Saxe, ayant appuyé le discours de l'archevêque de Mayence, tous les autres électeurs, sans excepter celui de Trèves, se rallient enfin à la candidature du Roi Catholique. — Il est proclamé, à l'unanimité, roi des Romains sous le nom de Charles-Quint. — Allégresse qui éclate dans les Pays-Bas. — Mortification et hypocrisie de R. Pace, qui se trouvait alors à Malines. — Charles-Quint, ayant reçu à Molin del Rey les envoyés des électeurs, déclare qu'il accepte la dignité qui lui a été déférée et qu'il se rendra incessamment en Allemagne.

On n'ignore pas que la couronne impériale était élective et dépendait, depuis le XIIIme siècle, de sept hauts dignitaires qui représentaient le grand corps germanique, c'est-à-dire les princes séculiers, les prélats ou abbés, les villes impériales, les comtes territoriaux, les seigneurs médiats, etc. Ces sept électeurs étaient les archevêques de Mayence, de Trèves et de Cologne; le roi de Bohême, le duc de Saxe, le comte palatin de Bavière et le margrave de Brandebourg. 1516-1517.

Ce ne fut point le descendant des empereurs qui fit les premières démarches pour obtenir l'expectative du titre impérial; ce fut François Ier qui prit à cet égard l'initiative. Pour sonder et gagner quelques-uns des électeurs, il se servit d'abord de Robert de la Marck, duc de Bouillon et seigneur de Sédan, ainsi que de son fils le marquis de Fleuranges, seigneurie de Lorraine dépendant de

Thionville et qui relevait de l'Empire. Bientôt trois électeurs se déclarèrent formellement pour le roi de France. L'archevêque de Trèves s'engagea le premier le 8 novembre 1516, le margrave Joachim de Brandebourg l'imita le 17 août 1517, l'archevêque de Mayence, son frère, fit de même le 12 octobre de cette année, et le comte palatin, un peu plus tard, promit également sa voix au vainqueur de Marignan (1). Les la Marck s'étaient assurés, en outre, du concours précieux du célèbre Franz de Sickingen qui, de sa citadelle d'Ebernbourg, près de Kreuznach, commandait à une partie de l'Allemagne, car il pouvait mettre au service de ses alliés dix mille piétons, deux mille cavaliers et plus de vingt-trois forteresses. Le marquis de Fleuranges l'ayant conduit au château d'Amboise, François Ier lui fit un brillant accueil, le gratifia d'une pension et lui remit, en outre, une chaîne de trois mille écus (2).

Charles d'Autriche était à la veille de s'embarquer pour l'Espagne, lorsqu'il fut averti des tentatives que faisait François Ier

(1) On possède maintenant les détails les plus précis et les plus authentiques sur les négociations qui précédèrent l'élection de Charles-Quint. Les pièces diplomatiques en grand nombre, qui étaient déposées aux archives de Lille, ont été publiées, pour la plupart, par M. Le Glay dans les *Négociations entre la France et l'Autriche*, vol. 11, pp. 125-456. En 1847, nous avons analysé quelques-uns des documents les plus importants de ce recueil dans un article publié par la *Revue nationale de Belgique*, t. XVII, sous le titre de : *De l'influence de l'argent dans l'élection de Charles-Quint.* Quant aux pièces omises dans la précieuse collection de M. Le Glay, elles avaient été insérées antérieurement par M. Mone dans l'*Anzeiger für Kunde der teutschen Vorzeit* (Karlsruhe, 1835-1838). D'un autre côté, M. Gachard avait déjà, en 1841, dans son *Rapport sur les archives de l'ancienne chambre des comptes de Flandre à Lille* (pp. 146-189), signalé et soigneusement analysé les dépêches et conventions les plus intéressantes qui ont enrichi le recueil de M. Le Glay et d'autres également dignes d'attention. A ces documents si nombreux M. Mignet a encore ajouté des pièces inédites, puisées dans les archives générales de France et mises en œuvre, avec un talent supérieur, dans un remarquable article publié par la *Revue des Deux-Mondes,* numéro du 15 janvier 1854. Les documents empruntés aux archives de Lille éclairaient surtout le rôle des agents de la maison d'Autriche; ceux qui ont été révélés par M. Mignet font connaître les démarches les plus secrètes des agents français. La lumière s'est faite ainsi sur tous les points.

(2) *Mémoires du maréchal de Fleuranges* (1753, in-8°), p. 278.

pour lui enlever l'Empire. Avant de mettre à la voile, il chargea le trésorier Villinger d'informer l'Empereur de ces pratiques hostiles, de réclamer le concours de son aïeul pour faire prévaloir ses propres prétentions et de mettre à sa disposition les moyens de se concilier la faveur du collége électoral (1).

L'empereur Maximilien, devenu veuf de sa seconde femme, Blanche-Marie Sforce (2), avait conçu pour lui-même un dessein extraordinaire. Il voulait joindre la tiare à la couronne impériale. Jules II étant tombé gravement malade, en 1511, il résolut de solliciter les suffrages des cardinaux, alléguant que la papauté était une fonction inhérente à la dignité d'empereur. L'année suivante, persévérant encore dans ce dessein, il proposait à Jules II de le prendre pour son coadjuteur, afin qu'il pût lui succéder un jour, devenir prêtre et se faire enfin béatifier (3).

Lorsqu'il fallut abandonner cette prétention extravagante, Maximilien feignit de délaisser aussi les intérêts de sa maison : car il offrit d'abdiquer sa dignité en faveur du roi d'Angleterre et, pour assurer l'élection de ce dernier, d'user de toute son influence. Cette proposition également singulière fut faite, par l'entremise du cardinal de Sion, aux ambassadeurs de Henri VIII, le comte de

(1) Les instructions pour Villinger furent données à Middelbourg, au commencement d'août 1517. *Monumenta habsburgica*, II. I, p. 52.

(2) Fille de Galéas-Marie, duc de Milan, et de Bonne de Savoie. Elle mourut le 13 décembre 1510. Voir la lettre écrite par Maximilien à Marguerite d'Autriche et datée de Fribourg en Brisgau, le 3 janvier 1511, dans la *Correspondance de Maximilien I*[er], etc., t Ier, p. 466.

(3) Il mandait à Marguerite d'Autriche, sa fille, qu'il avait pris la résolution de ne plus se remarier et même de ne jamais plus « hanter femme nue. » Il ajoutait qu'il allait envoyer l'évêque de Gurck à Rome, afin de se concerter avec le pape et lui faire connaître que le désir de l'Empereur était de devenir successivement coadjuteur du souverain pontife, puis pontife lui-même, prêtre et saint. « Vous serez donc obligée, disait-il, de m'adorer après ma mort, et j'en serai bien » glorieux. » Il informait encore Marguerite qu'il commençait à *pratiquer* les cardinaux, que le roi d'Aragon lui avait assuré le concours de ceux d'Espagne, et que deux ou trois cent mille ducats lui viendraient bien à point pour poursuivre ses démarches. Cette lettre, écrite de la main de l'Empereur, était signée : MAXIMILIANUS, *futur pape*. (*Corresp. de Maximilien I*[er], t. II, pp. 37-39.)

Worcester et le Dr Cuthbert Tunstall, qui fut depuis évêque de Durham. Ce dernier rendit compte des ouvertures de l'Empereur dans une lettre très-confidentielle, adressée au roi Henri et datée de Malines, le 12 février 1517 (1). Il y discutait longuement, si les avantages que le roi d'Angleterre pourrait recueillir de son avénement à l'Empire compenseraient les embarras et les difficultés d'une négociation formelle et d'une acceptation. Il croyait d'ailleurs peu probable le succès de cette négociation et concluait en conseillant à Henri VIII de décliner l'offre de l'Empereur qui, peut-être, n'y avait vu qu'un moyen nouveau d'obtenir quelque somme considérable à titre d'indemnité.

Le diplomate anglais avait raison de douter de la sincérité du chef de la maison d'Autriche en cette circonstance. En effet, Maximilien Ier, qui comptait cinq empereurs parmi ses ancêtres, et qui avait sérieusement désiré d'avoir son fils, Philippe le Beau, pour successeur sur le trône de l'Empire, était trop attaché à la grandeur de la maison d'Autriche pour détruire les espérances de Charles ou de Ferdinand, ses petits-fils. Il voulait donc transmettre la couronne impériale à sa descendance, en faisant élire, de son vivant même, Charles ou Ferdinand, roi des Romains. Comme on objectait que, n'ayant pas été couronné par le pape, il n'était lui-même qu'Empereur *élu*, et qu'il n'y avait pas d'exemple d'un roi de Romains à qui, de son vivant, l'on eût nommé un successeur, il sollicita Léon X d'envoyer des légats en Allemagne afin de lui donner la consécration qui lui manquait pour être véritablement empereur (2).

Maximilien, décidé à faire nommer un de ses petits-fils pour son successeur, penchait d'abord pour Ferdinand, le plus jeune. Il disait que la grandeur de la maison d'Autriche serait plus durable quand deux princes la soutiendraient, que si toute la puissance était concentrée entre les mains d'un seul. Ce projet, qui fut encore repris plus tard, eût incontestablement servi les intérêts de François Ier; aussi rencontra-t-il de fortes objections dans le

(1) Elle a été publiée par H. Ellis Voir *Original letters*, etc., t. Ier, pp. 134-138.

(2) *Histoire de Charles-Quint*, par Robertson, liv. II.

conseil de l'Empereur. On lui représenta que l'intérêt de sa maison s'opposait à un partage qui diviserait sa puissance; qu'en ajoutant la couronne impériale à celle d'Espagne, Charles aurait assez de force pour subjuguer l'Italie entière; que l'exécution de ce projet ferait non-seulement la grandeur de sa postérité, mais encore la sûreté et le bonheur de tous les chrétiens qui n'auraient plus tant à craindre de la part des Turcs; que la dignité impériale, possédée si longtemps par la maison d'Autriche, n'ayant presque été jusqu'alors qu'un magnifique titre sans autorité réelle, tant par la propre impuissance de Maximilien même que par celle de ses prédécesseurs, il devait ne rien négliger pour lui rendre son ancienne splendeur, ce qu'il ne pouvait faire qu'en se donnant le Roi Catholique pour successeur (1). Ces raisons persuadèrent Maximilien.

Et, en effet, les anciennes et fortes prérogatives des empereurs de Germanie avaient été enveloppées dans la ruine de la puissante dynastie des Hohenstauffen. Après le grand interrègne, l'ambition et la jalousie des princes de l'Empire ne laissèrent à Rodolphe de Habsbourg qu'un titre en quelque sorte honorifique. Aussi la politique de la maison d'Autriche, à laquelle Maximilien venait enfin de se conformer, avait-elle été extrêmement habile. Les empereurs autrichiens s'efforcèrent de rendre la dignité impériale héréditaire dans leur descendance, et, en agrandissant leurs domaines, d'acquérir la puissance nécessaire pour relever le sceptre des Césars. Un empereur sans domaines n'eût été que le premier fonctionnaire de l'Allemagne; mais il devenait le suzerain de tous les autres rois et chefs de peuple s'il pouvait s'appuyer sur une grande monarchie. En se disputant la couronne impériale, François Ier et Charles d'Autriche, loin de désirer un vain titre, convoitèrent véritablement la prépondérance en Europe.

François Ier n'était pas seulement le souverain d'un royaume qui s'étendait de l'Océan aux Alpes et des Pyrénées aux Ardennes; il était encore, depuis la victoire de Marignan, duc accepté de Milan et seigneur reconnu de Gênes. Quant à Charles, ses possessions étaient plus nombreuses et plus vastes, mais aussi plus dis-

(1) *Histoire d'Italie*, par Fr. Guicciardin, liv. XIII.

séminées. Il était héritier de l'Allemagne orientale et souverain des Espagnes, des Pays-Bas, de Naples et de la Sicile. Comme on l'a remarqué, il possédait *de moins* que Charlemagne la portion principale des Gaules, mais, *de plus*, la portion principale de la Péninsule espagnole, l'Italie méridionale, la Sicile et les Indes occidentales récemment découvertes.

1518. Au mois d'avril 1518, Jean de Courteville, chambellan du Roi Catholique, fut envoyé en Allemagne avec 100,000 florins en lettres de change, afin qu'on pût entamer des négociations sérieuses avec les électeurs. Mais bientôt Maximilien avertit son petit-fils qu'il était impossible de gagner ces derniers ainsi que les personnes ayant de l'influence sur eux, sinon par argent comptant, attendu que les Français faisaient aussi leurs affaires par argent comptant et non pas seulement par promesses ni paroles. D'après les instructions de Charles, on devait promettre au comte palatin, au duc de Saxe et au margrave de Brandebourg une pension annuelle de 4,000 florins d'or, et assurer les électeurs ecclésiastiques qu'on les pourvoirait d'opulents bénéfices. Selon Maximilien, ces offres étaient tout à fait insuffisantes : on ne pouvait payer les électeurs ecclésiastiques de promesses, tandis qu'ils recevaient déjà une pension du roi de France; on ne pouvait non plus promettre 4,000 florins aux électeurs laïques, tandis que le roi de France leur accordait davantage. Enfin, il conseillait à son petit-fils de se concilier les Suisses et de ne pas négliger le concours de Franz de Sickingen. Charles, après avoir fait attendre sa réponse, écrivit à Courteville qu'il donnait toute latitude pour les dépenses à faire dans l'intérêt de son élection. Le chef de l'Empire profita largement de cette autorisation, et, dans la diète qu'il présida à Augsbourg sur ces entrefaites (1), il mit la dernière main aux conventions qu'il avait déjà entamées avec la majorité des électeurs, à la condition, toutefois, que Charles allouerait encore 450,000 florins, indépendamment de 75,000 écus déjà distribués.

(1) Cette diète impériale se réunit au mois d'août 1518. Voir *Estat de l'argent comptant qu'à cette journée impériale d'Ausbourg, pour et au nom du roy, a esté déboursé.* (Mone, *Anzeiger*, etc., 1836, in-4°, pp. 407-411.)

ean de Courteville fut renvoyé en Espagne, afin de rendre compte au roi du résultat heureux de cette première négociation.

A l'exception de Richard de Greiffenclau de Wolrath, archevêque de Trèves, qui resta fidèle à François Ier, tous les autres électeurs ecclésiastiques avaient engagé leur vote au Roi Catholique.

Le cardinal Albert de Brandebourg, électeur de Mayence, avait reçu une somme de 4,200 florins d'or pour son entretien à la diète d'Augsbourg. De plus, Maximilien s'était engagé à lui compter 30,000 florins, aussitôt que les autres électeurs auraient également contracté l'engagement de donner leurs suffrages au Roi Catholique. C'était une prime allouée au cardinal de Mayence pour avoir le premier promis sa voix; on devait ajouter à ce don une *crédence* d'or et une tapisserie des Pays-Bas. L'avide électeur toucherait, en outre, une pension viagère de 10,000 florins du Rhin, payable annuellement à Leipzick, au comptoir des banquiers Fugger, et garantie par les villes d'Anvers et de Malines. Enfin, le Roi Catholique devait le protéger contre le ressentiment du roi de France et contre tout autre agresseur, en même temps qu'il insisterait à Rome pour lui faire obtenir le titre et les prérogatives de légat *a latere* en Allemagne, avec la nomination des bénéfices.

Herman de Wied, archevêque-électeur de Cologne, avait reçu en argent comptant 20,000 florins pour lui et 9,000 florins à partager entre ses principaux officiers. On lui promettait, en outre, une pension viagère de 6,000 florins, une pension également viagère de 600 florins pour son frère, le comte Guillaume, une pension perpétuelle de 300 florins pour son autre frère, le comte Jean, enfin d'autres pensions s'élevant à 700 florins, à partager entre ses principaux officiers.

Deux des électeurs laïques n'avaient pas montré moins d'avidité.

Louis V de Bavière, dit le Pacifique, comte palatin du Rhin, n'avait consenti à engager son vote à Charles que moyennant 100,000 florins d'or, tant pour pension viagère que pour gratification et à titre d'indemnité pour l'avouerie ou langtvodie de Haguenau, dont l'Empereur s'était autrefois emparé et qu'il avait gardée. Cet électeur avait stipulé, en outre, la restitution d'une somme de 6,665 florins due à son frère, le comte Frédéric, sans préjudice d'une pension de 5,000 florins ; en outre, le comte Frédéric avait encore l'espoir d'obtenir une *confiscation* de 20,000 ducats pour avoir procuré la voix de son frère. Les conseillers de l'électeur palatin étaient également récompensés.

De son côté, Joachim, électeur et margrave de Brandebourg, avait exigé une large compensation pour les avantages qu'il perdait en abandonnant le roi de France. Celui-ci lui avait promis une princesse du sang royal pour son fils et une grande somme d'argent. Aussi Joachim tenait-il à remplacer Renée de France par la princesse Catherine, sœur de Charles, et il demandait, en pensions viagères, 8,000 florins pour lui et 600 pour ses conseillers. Ce n'était pas tout. On devait lui payer en argent comptant le jour de l'élection : 70,000 florins en déduction de la dot de la princesse Catherine; 30,000 florins à cause de l'élection; 5,000 florins destinés à son chancelier et 500 florins pour son conseiller, le doyen Thomas Krul.

Frédéric III, dit le Sage, duc de Saxe, s'était montré désintéressé et réservé; mais, au fond, il était mécontent de la maison d'Autriche et se rattachait par ses alliances au parti de François Ier. Il ne pouvait pas oublier que Maximilien lui avait refusé les duchés de Berg et de Juliers, après lui en avoir promis l'expectative; qu'il avait contraint le duc Georges, son cousin, à rétrocéder la Frise au souverain des Pays-Bas; enfin qu'il avait désiré, après la mort du grand-maître Frédéric de Saxe, qu'un prince de Brandebourg fût mis à la tête de l'ordre Teutonique. D'un autre côté, Frédéric III était beau-frère du duc de Brunswick-Lunebourg et oncle du duc de Gueldre, les plus fidèles alliés de François Ier.

Louis II, roi de Hongrie et de Bohême, n'avait encore que treize ans; déjà fiancé à Marie d'Autriche, sœur de Charles, il devait nécessairement voter pour le Roi Catholique. Maximilien avait toutefois jugé utile de distribuer 11,000 florins d'or aux ambassadeurs du roi Sigismond de Pologne, qui était avec lui cotuteur de ce jeune prince (1).

(1) Toutes les lettres adressées par Maximilien à son petit-fils et par Jean de Courteville à Marguerite d'Autriche ont été insérées par M. Le Glay dans le

Enfin Maximilien lui-même ne s'était point oublié dans la distribution des 450,000 florins. Il voulait, comme on l'a vu, se faire couronner par des légats du pape avant de présider à l'élection du roi des Romains qui aurait lieu ensuite à Francfort, selon les prescriptions de la *Bulle d'or*. Il demandait 50,000 florins pour couvrir les frais que lui occasionnerait la diète électorale.

Charles trouvait exorbitant le prix que l'on mettait à la couronne de l'Empire; mais ses parents ainsi que ses plus sages conseillers, l'archiduchesse Marguerite en tête, l'engageaient vivement à ne pas marchander, de peur que le roi de France ne profitât de sa lésinerie (1).

On représentait aussi au Roi Catholique qu'une autre raison devait le déterminer à ne plus hésiter : c'est que la majorité du collége électoral venait de s'engager formellement et par écrit à l'élire roi des Romains. En effet, Maximilien avait fait signer le 27 août aux quatre électeurs gagnés, ainsi qu'aux représentants du cinquième (le roi de Bohême), la promesse formelle d'élire roi des Romains son petit-fils, au nom duquel il leur garantit, par des lettres réversales, le maintien de leurs priviléges particuliers ainsi que des

tome II des *Négociations*, etc., pp. 125-179. Quelques détails complémentaires se trouvent dans le travail de M. Mignet.

(1) Marguerite d'Autriche s'exprimait en ces termes : « Le seigneur roy, mon » nepveu, nous a escrit que le cheval sur lequel il nous vouldroit bien venir voir » est bien chier. Nous sçavons bien qu'il est chier; mais toutefois il est tel que, » se il ne le veult avoir, il y a marchant prest pour le prendre, et, puisqu'il l'a » faict dompter à sa main, semble qu'il ne le doibt laisser, quoi qu'il lui couste. » Gachard, *Rapport sur les archives de l'ancienne chambre des comptes de Flandre à Lille*, p. 155. — Selon les calculs de M. Mignet, les transactions de Maximilien avec les électeurs gagnés, s'élevèrent en définitive à la somme de 514,075 florins d'or (valant au moins 27,245,975 francs de notre monnaie), indépendamment de 70,400 fl. de pensions qui seraient touchées à Malines, à Anvers, à Francfort et dont le gouvernement des Pays-Bas cautionnerait l'exact payement. — On peut remarquer à ce sujet que les anciens historiens, même les plus accrédités, étaient bien mal informés de toutes ces transactions. C'est ainsi qu'on lit dans Sleidan : « François Ier avait répandu beaucoup d'argent pour obtenir des suffrages pour lui-même, et on dit que les Flamands avaient fait la » même chose de leur côté; mais c'est sur quoi je ne puis rien affirmer. »

droits généraux de leur pays, et donna l'assurance que l'administration de l'Empire serait concertée avec les princes allemands et confiée à des mains allemandes. Ces engagements réciproques avaient été échangés le 1er septembre 1518 (1).

Averti par l'archevêque de Trèves du changement survenu dans le collége électoral, François Ier s'empressa de déléguer de nouveaux agents en Allemagne pour regagner, par les offres les plus séduisantes, les électeurs qui s'étaient détachés de lui (2). Mais, d'un autre côté, il s'aliénait inconsidérément des personnages qui auraient pu lui rendre les plus grands services. Il indisposa successivement le duc de Bouillon, son frère Érard de la Marck, prince-évêque de Liége, et le redoutable Franz de Sickingen. Épousant les rancunes de la duchesse d'Angoulême, sa mère, il cassa la compagnie d'hommes d'armes dont il avait confié le commandement à Robert de la Marck. Il blessa plus vivement encore le prince-évêque de Liége : au moment où, plein de confiance dans les promesses du roi, ce prélat se flattait d'être promu au cardinalat, François faisait donner le chapeau à l'archevêque de Bourges. Quant à Franz de Sickingen, le roi lui retira ses pensions, parce que, dans une querelle entre des marchands allemands et milanais, le châtelain d'Ebernbourg avait pris parti pour ses concitoyens. Robert de la Marck et son frère s'attachèrent à la cour de Bruxelles, et Franz de Sickingen se montra disposé à soutenir aussi les intérêts du Roi Catholique (3).

(1) Voir Mignet, *Une élection à l'Empire*, § IV. — Dans une lettre écrite d'Augsbourg, le 1er septembre 1518, Jean de Courteville informait Marguerite d'Autriche que cinq électeurs s'étaient prononcés en faveur du roi de Castille, et qu'il ne restait à gagner que l'archevêque de Trèves et le duc de Saxe. (*Négociations*, etc., t. II, p. 151.)

(2) Ces agents furent Joachim de Moltzan, conseiller de l'électeur de Brandebourg et que François Ier avait pris à son service, et Baudouin de Champagne, seigneur de Bazoges, qui remplissait les fonctions d'ambassadeur près de Maximilien.

(3) Le prince de Liége et le seigneur de Sédan s'engagèrent à servir le Roi Catholique et à prendre son parti « envers et contre tous, » en échange des pensions et autres avantages qu'ils stipulaient. La négociation avait été conduite par Marguerite. Voir la réponse de Charles à sa tante, datée de Valladolid, 24 février 1518. (*Monumenta habsburgica,* II, I, p. 54.)

La rivalité déjà avouée de François Ier et de Charles d'Autriche n'avait pas encore modifié le caractère pacifique et même amical de leurs relations. Il est vrai que le roi de Castille, sous l'impulsion et avec l'aide habile de Marguerite d'Autriche, tout en poursuivant opiniâtrément ses desseins, cherchait, par une grande condescendance, à ménager la susceptibilité du vainqueur de Marignan, et à prévenir une rupture qui aurait été inopportune et dangereuse. Lorsque Robert de la Marck fut recueilli par la cour de Bruxelles, les ambassadeurs de Charles, en France, s'étaient hâtés d'excuser leur maître qui n'avait eu nul dessein, disaient-ils, de déplaire au roi (1). Une autre démarche vint démontrer également l'adroite politique de Charles et de Marguerite d'Autriche. La jeune princesse Louise, qui avait été naguère fiancée au Roi Catholique, étant morte, Charles fit demander la main de la princesse Charlotte, fille cadette de François Ier, et cette proposition semble avoir été accueillie avec joie (2). Enfin, quoique ce fût un sacrifice réel pour le souverain des Pays-Bas, Charles ne refusa point d'adhérer au traité de Londres du 2 octobre 1518, qui stipulait la restitution à la France de Tournai et de ses appartenances. Or, parmi celles-ci se trouvait la place de Mortagne qui avait été donnée au duc de Suffolck et que ce seigneur, du consentement de Henri VIII, avait vendue au baron de Ligne et de Belœil pour la somme de mille écus. A la sommation de restituer Mortagne, le baron de Ligne, qui était surnommé *le Grand*

(1) Ces ambassadeurs étaient Philibert Naturelli et Charles Poupet de la Chaulx. Dans une dépêche datée d'Angers, 7 juin 1518, La Chaulx informe son maître de la démarche qu'il a faite près de François Ier : « Je luy feis toutes les remonstrances » moy possibles que, en le prenant, vous ne pensâtes jamais que luy en deut » desplaire; car pour cent tels que ledit messire Robert, vous ne vouldriez faire » chose où il eust regret, mais pour ce ce qu'il luy avoit donné congié, comme » de non s'en plus voloir servir, que vous aviez pensé, puisqu'il estoit sans maistre » que encoires, pour vivre, il feroit plus de mal à vos subgects que auparavant » en les desrobbant; que, à ceste cause, vous l'aviez retiré, comme ceulx qui » offrent une chandelle au dyable, affin qu'il ne leur nuyse.... » (*Négociations diplomatiques*, etc., t. II, pp. 155 et suiv.)

(2) Philibert Naturelli à Marguerite d'Autriche, de Baugé, 24 octobre 1518. *Ibid.*, t. II, p. 166.

Diable, répondit par un refus catégorique, et chercha appui parmi les villes de Flandre. Mais Marguerite d'Autriche, ne voulant point donner aux Français un prétexte pour commencer les hostilités, défendit formellement aux villes de Flandre et, en général, à tous vassaux et sujets du souverain des Pays-Bas, de se mêler de cette querelle (1).

Cette conduite timide et même obséquieuse était commandée par des circonstances exceptionnelles. Au fond, Charles maintenait hardiment sa candidature, et contestait les titres de François Ier aux suffrages des Allemands (2).

Cependant le duc Frédéric de Saxe et l'archevêque de Trèves tenaient en échec les espérances de Maximilien et de son petit-fils, en représentant que l'Empereur, n'ayant pas été couronné, n'était lui-même que roi des Romains, et que, par conséquent,

(1) *Documents historiques concernant la ville de Tournai pendant la domination anglaise,* publiés par M. Diegerick (Tournai, 1854), *passim.* — François Ier, qui naguère avait vivement irrité le cardinal Wolsey en recueillant à sa cour l'évêque élu de Tournai, se servit de l'amiral Bonnivet, frère du sire de Boissy, pour se réconcilier avec le puissant ministre de Henri VIII. « L'adresse » et la flatterie de Bonnivet et de François Ier, dit M. Sismondi, avaient tellement » subjugué l'orgueil et la haine de Wolsey que ce fut lui qui persuada Henri de » restituer Tournai à la France. Le roi François consentait, il est vrai, à racheter » cette ville à un prix excessif : il en offrait 600,000 couronnes d'or payables en » douze années. En même temps, Marie d'Angleterre, fille de Henri, était promise » au dauphin de France et sa dot de 333,000 couronnes devait être défalquée sur » la dette de la France. Le traité qui engageait ainsi par avance ces enfants » nouveau-nés fut signé à Londres, le 14 octobre 1518. » (*Histoire des Français,* t. XVI, p. 56.)

(2) Les instructions que Charles donna à ses ambassadeurs en France, Philibert Naturelli et Poupet de la Chaulx, en mai 1518, contenaient ce qui suit : « .... S'il est parlé de l'Empire, sera dit que le Roy Catholique a bien cause d'y » penser plus que nul autre, tant pour ce qu'il est yssu et descendu de la lignée » des empereurs, comme pour ce que l'Empereur présent, son seigneur et grand- » père, l'en a pieçà fait solliciter, avec ce qu'il est tellement qualifié et si puis- » sant roy que pour bien régir et gouverner ledit Empire à l'honneur de Dieu, » exaltation de la foy chrestienne et au grand bien et honneur d'icelui saint- » empire, et ne se doibt de ce personne esmerveiller, mais plutost de ce que » princes d'autre nation vouldroient tirer ledit empire hors de la nation d'Alle- » magne.... » (*Monumenta habsburgica*, t. II, I, p. 61.)

il n'y avait pas lieu d'en élire un second. Pour surmonter ce dernier obstacle, Maximilien fit demander par son petit-fils au pape Léon X que la couronne impériale lui fût envoyée dans la ville de Trente, et que les cardinaux de Médicis et de Mayence fussent désignés pour y accomplir, à la fête de Noël, la cérémonie de son couronnement. Mais Léon X avait contracté une étroite alliance avec François Ier dans l'entrevue qu'il avait eue à Bologne avec ce prince, trois mois après la victoire de Marignan; il était donc peu disposé à le mécontenter. Aussi la négociation entamée par le Roi Catholique n'avait-elle pas abouti, lorsque, le 12 janvier 1519, 1519.
Maximilien Ier mourut à Wels.

Il s'était rendu dans la haute Autriche pour se délivrer, par l'exercice de la chasse et le changement d'air, d'une fièvre lente dont il avait été atteint dans le Tyrol; mais la fatigue redoubla son mal. Durant le jour, il s'occupait encore des affaires publiques avec ses ministres, et la nuit, quand il ne reposait pas, il se faisait lire l'histoire d'Autriche. Sentant que sa fin approchait, il fit demander un chartreux du Brisgau. Ce moine s'étant présenté, l'Empereur se leva sur son séant, le reçut avec de grandes démonstrations de joie, et le montrant à ses officiers : « C'est lui, dit-il, » qui m'ouvrira la voie du ciel. » Pour démontrer le néant des grandeurs et de la vie, il commanda que son corps fût exposé toute une journée, qu'on l'enfermât dans un sac rempli de chaux vive, qu'on le déposât dans le cercueil qu'il portait toujours avec lui depuis 1515, qu'on l'inhumât dans l'église du château de Nieustad, sous l'autel de saint Georges, et qu'on le plaçât de manière que la tête fût sous les pieds du célébrant; quant à son cœur, il prescrivit qu'il fût porté à Bruges, près des dépouilles de sa première femme, Marie de Bourgogne. Ayant exprimé toutes ses volontés, il étendit la main vers ceux qui étaient présents, et leur donna la bénédiction. « Pourquoi pleurez-vous? leur dit-il; parce que vous » voyez en moi un mortel? De telles larmes conviennent plus à » des femmes qu'à des hommes. » Il fit les réponses aux prières que lui récita le chartreux, et quand sa voix se fut éteinte, il exprima encore sa foi par des gestes (1).

(1) *Histoire de la maison d'Autriche* par W. Coxe, t. I, chap. XXV. — *Ori-*

Le trépas de Maximilien réveilla toutes les espérances de François Ier, car il ne tarda pas à connaître l'attitude équivoque et comme expectante des électeurs qui s'étaient si formellement engagés envers l'Empereur défunt. Aussi brigua-t-il ouvertement dès lors la couronne impériale, et il confia cette grande et délicate négociation à des personnages de marque : Guillaume Gouffier, Sgr de Bonnivet, amiral de France; Jean d'Albret, comte de Dreux, sire d'Orval, et gouverneur de Champagne; Charles Guillart, président au parlement de Paris. Ils devaient être secondés par le marquis de Fleuranges, qui n'avait pas suivi Robert de la Marck, son père, à la cour de Bruxelles; par Olivier de la Vernade, maître des requêtes, le Sgr du Plessis, bailli des montagnes de Bourgogne, et d'autres agents qui avaient déjà pris les devants auprès des électeurs et qui se rendaient, déguisés en pèlerins ou en marchands, jusqu'en Pologne pour séduire le roi Sigismond, tuteur du jeune roi de Bohême.

François Ier, dont l'ambition était ardente et impétueuse, prodiguait, pour réussir, l'or et les promesses. Un jour, Thomas Boleyn, l'ambassadeur de Henri VIII, lui demanda familièrement s'il était vrai, comme le bruit en courait, que, nommé empereur, il ferait en personne une expédition contre les infidèles. François le saisit vivement par la main et, après avoir posé l'autre sur son cœur, jura que, s'il était élu empereur, trois ans après il serait dans Constantinople ou mort. Il ajouta qu'il dépenserait trois millions d'or, la moitié du revenu annuel de son royaume, pour être élu (1). Peut-

ginal letters, etc., t. Ier. — Complainte de Marguerite sur la mort de Maximilien, son père :

.... O mort trop oultrageuse!
Tu a estain la fleur chevaleureuse
Et as vaincu celluy qui fust vainqueur,
Maximilien, ce très-noble empereur,
Qui en bonté à nul ne se compère.
C'estoy César, mon seul seigneur et père,
Mais tu l'as mis en trop piteux estat,
Sépulturé au chasteau Nieustat.....

(*Albums de Marguerite d'Autriche*, p. 101.)

(1) Ces détails sont consignés dans une lettre datée de Paris, 28 février 1519,

être le roi de France espérait-il aussi qu'un de ces violents accès nerveux, auxquels Charles était alors sujet, le débarrasserait de son jeune rival. Il apprenait, à cette époque même, que le Roi Catholique, en entendant la messe à Saragosse, avait été comme foudroyé par une attaque qui l'avait renversé sans connaissance au milieu de sa cour (1).

Cependant Marguerite d'Autriche veillait activement sur les intérêts de son neveu. Le 3 février, de l'avis du conseil privé des Pays-Bas, elle avait envoyé son ministre de confiance, le trésorier général Jean de Marnix (2), aux agents autrichiens pour qu'ils fissent en sorte que les électeurs, qui avaient pris des engagements envers Maximilien, y demeurassent fidèles. On devait donner à ces princes l'assurance que tout ce qui leur avait été promis serait

et adressée au cardinal Wolsey par sir Thomas Boleyn. *Original letters*, t. Ier, p. 147.

(1) C'est ce que rapportait La Roche-Beaucourt, ambassadeur de France, dans une lettre écrite de Saragosse, le 8 janvier 1519 : « Jeudi derrenier en oyant la » grant messe, présents beaucoup de gens, il (le roi Charles) tomba par terre » estant de genoulx et demeura, cuydant qu'il feust mort, l'espace de plus de » deux heures, sans pousser, et avoit le visage tout tourné, et fut emporté en sa » chambre.... » Dépêche citée par M. Mignet dans l'ouvrage qu'il a consacré à la retraite de Charles-Quint au monastère de Yuste. Voir le chap. Ier.

(2) Jean de Marnix, seigneur de Thoulouze (en Bourgogne), était secrétaire et trésorier général de Marguerite d'Autriche. Issu d'une noble famille de la Tarentaise (duché de Savoie), il avait suivi l'archiduchesse dans les Pays-Bas, lorsqu'elle eut perdu le duc Philibert, son second époux. Ce ministre, qui jouissait de toute la confiance de Marguerite d'Autriche, fut le grand'père du célèbre Philippe de Marnix, seigneur du Mont-Ste-Aldegonde.

La correspondance de Maximilien et de Marguerite d'Autriche contient des témoignages nombreux de la considération dont Jean de Marnix était l'objet. Le 7 novembre 1510, par une lettre écrite de Brisach, l'Empereur prie sa fille de lui envoyer incontinent son secrétaire Marnix, parce qu'il désire conférer avec celui-ci sur les contestations relatives à la Gueldre. « Nous voulons, dit-il, sur ce plus » avant disputer avec vostre dit secrétaire. » Le 14 mars suivant, Marguerite, par une lettre autographe, priait son père de lire « ou faire lire en sa présence » par Marnix *et non à autre* » les conseils qu'elle lui envoyait très-confidentiellement pour la direction des affaires, etc. (*Corresp. de Maximilien Ier*, t. I, p. 348, 386 et *passim.*)

effectué. On devait dire à l'électeur de Brandebourg, mais sans se lier formellement, que le Roi Catholique, parvenu à l'Empire, le ferait son principal lieutenant et vicaire pendant son absence. On devait également faire espérer à l'électeur de Saxe la lieutenance de l'Empire ou quelque traité de mariage pour son héritier (1). On devait représenter à ceux qui inclineraient pour le roi de France que son élection serait le présage de leur servitude et une honte éternelle pour la nation germanique, puisque l'Empire serait transféré à un étranger. Et si, malgré toutes ces offres et ces représentations, on voyait la plupart des électeurs disposés plutôt pour le roi de France que pour le Roi Catholique, on devait employer l'influence des amis de la maison d'Autriche à faire déférer la couronne impériale à un autre prince, avec lequel le Roi Catholique pourrait s'allier et s'entendre de telle sorte que lui, ou son frère Ferdinand, fût élu roi des Romains (2).

Chaque jour des nouvelles plus alarmantes arrivaient à Bruxelles. Le 1er février, Maximilien de Berghes avait écrit d'Augsbourg à l'archiduchesse que si le Roi Catholique ne venait pas en Allemagne ou si son frère ne l'y suppléait, il ne voyait point comment on pourrait réussir, les Allemands étant persuadés que Charles ne voudrait pas abandonner l'Espagne. Le 5 et le 6 février, il mandait que le cardinal de Mayence semblait dévoué au Roi Catholique; mais que son frère, l'électeur de Brandebourg, *père de toute avarice,* prêtait l'oreille aux Français (3). « Ceux-ci, disait-il, dans une » autre dépêche du 14 février, n'y vont pas seulement par paroles, » mais *à pleines mains*, ce qui donne au prêcheur bon crédit. » Il était donc essentiel, d'après lui, que les personnages que l'on enverrait vers les électeurs, notamment vers les électeurs ecclésiastiques, ne leur rappelassent pas trop les promesses faites et les sceaux donnés au défunt empereur : car on les embarrasserait, l'élection, aux termes de la *Bulle d'or,* devant être libre. Il fallait seulement les prier d'avoir mémoire des choses traitées à la journée

(1) Jean-Frédéric de Saxe, neveu de l'électeur, alors âgé de seize ans.

(2) Voir ces instructions dans les *Négociations diplomatiques*, etc., t. II, pp. 194 et suiv.

(3) *Négociations diplomatiques*, etc., t. II, pp. 189 et suiv.

d'Augsbourg et de persister dans leur bonne affection pour le Roi Catholique (1). Deux jours après, le 16 février, Maximilien de Berghes avertissait la gouvernante des Pays-Bas que l'archevêque de Mayence avait résolu d'envoyer des citations aux électeurs afin que, dans le délai de trois mois, à partir du 15 mars, ils se trouvassent à Francfort pour procéder à l'élection. Il annonçait que l'électeur de Mayence était toujours dans les mêmes dispositions pour le Roi Catholique, mais que l'électeur de Brandebourg se montrait mécontent et plus avide que jamais. Ce prince affirmait que l'on s'était engagé à réaliser, avant la fête de Noël, les promesses qu'on lui avait faites. Or, il croyait qu'on voulait le tromper, puisqu'on ne lui avait pas envoyé la ratification de la princesse Catherine dont la main était promise à son fils. Il réclamait d'ailleurs une obligation du banquier Fugger pour le reste de la dot, s'élevant à 200,000 florins d'or, et demandait que cette somme lui fût payée, que le mariage eût lieu ou non; il demandait, en outre, indépendamment des 30,000 florins stipulés pour sa voix, une autre bonne somme et ajoutait que l'on ne devait pas trouver étrange cette nouvelle supplique, attendu que les Français lui offraient davantage et en argent comptant; enfin il désirait avoir une réponse définitive avant cinq semaines, après quoi il s'arrangerait, disait-il, selon son intérêt. En présence de ces prétentions toujours croissantes, l'ambassadeur n'avait pas tort, sans doute, en appelant le margrave de Brandebourg un homme diabolique, lorsqu'il s'agissait « de besoigner avec lui en matière d'argent (2). » Dans une autre lettre, datée d'Inspruck le 16 février, Maximilien de Berghes signalait les divisions qui existaient parmi les électeurs et qui serviraient la cause du Roi Catholique. D'un côté, le duc de Saxe s'opposait à la fois et à l'électeur de Brandebourg et au roi de France, parce que celui-ci avait promis au margrave Joachim de le nommer son lieutenant dans l'Empire. D'autre part, l'électeur de Brandebourg s'était élevé avec force contre le projet conçu par le duc

(1) Maximilien de Berghes à Marguerite d'Autriche, d'Augsbourg, 14 février 1519. (*Négociations diplomatiques*, t. II, p. 225 et suiv.)

(2) *Négociations*, etc., t. II, p. 238.

de Saxe de faire décerner la couronne impériale au jeune roi de Bohême et de Hongrie, à la condition que la sœur de ce prince, déjà promise à l'archiduc Ferdinand, épouserait son neveu et héritier (1).

Charles se trouvait au monastère de Montserrat en Aragon, lorsqu'il apprit la mort de son aïeul. Il s'empressa d'envoyer en Allemagne Henri Lebèghe, un de ses écuyers, avec des instructions relatives à la poursuite des négociations commencées. Il en confiait la direction à Matthieu Lang, cardinal de Gurck, auquel il adjoignait Michel de Volckenstein, Cyprien de Serntein, chancelier du Tyrol, Jacques de Villinger, trésorier général, et le secrétaire Renner. Quant à Maximilien de Berghes, qui avait tenu jusqu'alors le premier rang, il lui était enjoint d'obéir en toutes choses aux nouveaux commissaires désignés par le roi.

Affligé de cette disgrâce, Maximilien de Berghes exposa à la gouvernante des Pays-Bas qu'il n'avait pas sollicité la mission qu'il avait remplie jusqu'à ce moment; que c'était contre son gré et par pure obéissance qu'il l'avait acceptée, et que, loin d'y gagner, il y avait déjà dépensé 4,000 florins du sien. Il se montrait même disposé à retourner immédiatement dans les Pays-Bas; mais Jean de Marnix, qui était avec lui, le supplia d'attendre au moins jusqu'à ce qu'il eût reçu une réponse de l'archiduchesse. Du reste, Marnix écrivit lui-même à Marguerite que la détermination du roi n'était guère propre à avancer ses affaires. Il se plaignait aussi de l'élimination de Nicolas Ziegler, qui était l'un des piliers de la négociation et de son remplacement par le cardinal de Gurck, homme de bien, ajoutait le confident de Marguerite, mais peu propre en cette occasion pour certaines raisons dangereuses à écrire. Marnix entendait par là que ce personnage n'était pas aimé en Allemagne (2). L'archiduchesse, non moins contrariée que ses fidèles agents, s'empressa de répondre à Maximilien de Berghes que les dépêches reçues d'Espagne ne devaient pas l'empêcher de continuer les utiles services

(1) *Négociations diplomatiques*, etc., t. II, p. 235.

(2) Jean de Marnix à Marguerite d'Autriche, d'Augsbourg, 20 février 1519. (*Négociations diplomatiques*, etc., t. II, p. 251.)

qu'il avait rendus jusqu'alors. Elle était, d'ailleurs, persuadée que s'il avait été oublié dans l'ordonnance royale, « cela ne procédait » pas du vouloir du roi, mais de la faute, ignorance et imbécillité » du secrétaire qui a fait les dépêches (1). » Elle ajoutait qu'elle venait d'écrire à son neveu pour lui exposer que les négociations relatives à l'élection exigeaient des personnages plus qualifiés, et pour lui proposer d'expédier de nouveaux pouvoirs non-seulement au cardinal de Gurck, mais aussi à l'évêque de Liége, au marquis Casimir de Brandebourg, au comte palatin Frédéric, et à lui, seigneur de Zevenberghe; ils auraient pour conseillers Michel de Volckenstein, le chancelier Serntein, Villinger, et les secrétaires Ziegler et Renner. Charles fit mieux que d'approuver les propositions de sa tante : il nomma chef de l'ambassade le premier personnage des Pays-Bas, Henri, comte de Nassau et de Vianden, baron de Diest, vicomte d'Anvers, etc.

Le gouvernement des Pays-Bas, alors intéressé à désarmer partout les adversaires du Roi Catholique et à les changer en partisans de sa grandeur, devait chercher, quoi qu'il lui en coûtât, à détacher de la France le redoutable Charles d'Egmont. Ce puissant et infatigable ennemi de la maison d'Autriche, obligé, par le traité de Noyon, à respecter les domaines du souverain des Pays-Bas, s'était tenu néanmoins à la disposition de François Ier et l'avait accompagné dans son expédition de Lombardie comme chef de 6,000 lansquenets; mais il n'assista point à la bataille de Marignan. Quelques jours auparavant, il avait obtenu du roi la permission de retourner en Gueldre, sous prétexte qu'il était informé que le duc de Clèves, allié de Charles d'Autriche, voulait surprendre ou faire surprendre la ville d'Arnhem. En apprenant, à Lyon, la victoire que François Ier venait de remporter sur les Suisses, le vieux capitaine tomba malade de chagrin pour n'avoir pas pris part à cette bataille mémorable (2). De retour dans son pays, il recommença ses agres-

(1) Dans une lettre du 12 mars, le Roi Catholique expliquait comment Maximilien de Berghes, S^{gr} de Zevenberghe, n'avait pas été compris parmi les premiers commissaires : on le croyait en Suisse.

(2) Pontus Heuterus, lib. VII, p. 316.

sions et les poursuivit avec une audace singulière. Le souverain des Pays-Bas, ne pouvant le dompter, se plaignit à François Ier des usurpations de son allié et le pria d'intervenir pour mettre un terme à ces *nouvelletés* et à ces infractions à la trêve (1). François envoya effectivement en Gueldre Philippe de la Guyche, et, par l'entremise équivoque de ce vieux diplomate, la trêve précédemment conclue fut encore prorogée diverses fois, mais pour des délais assez courts (2). Pendant ces laborieuses négociations, Charles de Gueldre, toujours dans le dessein de frustrer les espérances de la maison d'Autriche, s'était brusquement décidé à s'allier à un autre partisan de la France. En 1513, Marguerite et son neveu avaient fait échouer, par leur intervention menaçante, le projet que le prince gueldrois avait conçu d'épouser la fille du duc de Clèves. En 1518, Charles de Gueldre, mieux avisé, fit secrètement négocier son mariage avec Isabelle, fille de Henri, duc de Brunswick-Lunebourg, et, comme lui-même, serviteur de François Ier (3). Marguerite d'Autriche dissimula son dépit et son ressentiment; et, tout en se préparant à recommencer la guerre contre le plus intraitable ennemi de sa maison, elle fit une démarche extraordinaire pour obtenir sa neutralité et même son concours. Érard de la Marck, qui avait été adjoint à Henri de Nassau pour préparer l'élection du Roi Catholique, fut l'intermédiaire de cette autre négociation également importante. Des concessions inespérées furent offertes à Charles d'Egmont, et elles ébranlè-

(1) Lettre du 23 septembre 1515, dans Lanz, *Correspondenz des Kaisers Karl V*, t. Ier, p. 48. — « *In Geldriam reversus*, dit Pontus Heuterus, *primo quoque tempore principi Carolo bellum intulit, ac per omnem fere vitam gessit.* » — Dans son mémoire au cardinal Ximenès, l'évêque de Badajoz signalait les embarras que Charles d'Egmont donnait à la cour de Bruxelles; l'évêque, depuis qu'il y résidait, avait déjà vu tomber cinq villes du pays au pouvoir de ce dangereux feudataire. « Il serait déshonorant pour un si grand prince que le « nôtre, ajoutait-il, de ne pas s'opposer à ces usurpations. »

(2) Les nombreuses lettres échangées au sujet de ces négociations, du 27 janvier au 9 avril 1519, ont été publiées dans la *Correspondance de Marguerite d'Autriche*, t. II, pp. 143 à 216.

(3) Voir Slichtenhorst, fol. 352; Pontanus, fol. 679, et *Correspondance de Marguerite d'Autriche*, t. II, p. 147.

rent la fidélité qu'il avait jusqu'alors conservée à François Ier. Il se montrait même disposé à se ranger du côté de son rival; mais la lenteur du Roi Catholique à ratifier le projet de transaction qui lui avait été soumis par sa tante, la répugnance qu'il éprouvait sans doute à se réconcilier sincèrement avec un feudataire qui lui avait fait subir de si grandes humiliations, peut-être aussi les démarches et les offres de François Ier firent échouer une tentative commencée sous d'heureux auspices (1). Charles d'Egmont se re-

(1) La démarche faite par l'évêque de Liége est restée inconnue des historiens. Aussi nous saura-t-on gré peut-être de mentionner ici les points les plus intéressants de cette négociation d'après des documents authentiques et contemporains. — Érard de la Marck, après avoir envoyé à Charles d'Egmont un agent secret, transmit à Marguerite d'Autriche son avis confidentiel sur les points en litige. Ils étaient, disait-il, au nombre de cinq : 1° *Grave*, que le duc de Gueldre réclamera et que personne ne pourra conseiller au Roi Catholique de lui restituer; 2° la *Frise* : le duc devait la rendre en totalité au roi, sauf à être indemnisé par une somme d'argent que l'on pourrait d'ailleurs exiger des habitants; 3° la *pension* et les *gens d'armes*, que le duc réclamera, comme il les avait du roi de France : mais il faudra que sur ce point il rabatte de ses prétentions; 4° les différends qui existaient entre lui et les ducs de Clèves et de Juliers : à cet égard le roi pourra lui offrir la justice de l'Empire, et, par ce moyen, il ne contreviendra en rien au traité naguère conclu à Sittard; 5° les enfants que le duc pourra avoir de son mariage : ce point était le plus délicat; car le duc avait déclaré que sa volonté formelle était de laisser son héritage même aux filles qu'il procréerait.

Après avoir signalé ces divers points, Érard de la Marck exprimait le vœu qu'un terme fût mis, le plus tôt possible, à une lutte réellement préjudiciable à la grandeur de la maison d'Autriche. Il recommandait de transiger et s'appuyait sur les raisons suivantes : On préviendrait la dépense considérable que le Roi Catholique sera nécessairement obligé de faire avant qu'il vienne à bout de conquérir le pays de Gueldre; on comblerait un grand port ouvert aux Français, car, avec un écu qu'ils envoient à Charles d'Egmont, ils obligent le roi Charles à en dépenser six, et, cette porte fermée, on n'aurait plus besoin d'entretenir des garnisons, sinon sur les frontières de Picardie. D'un autre côté, lorsque le roi prendrait possession de l'Empire, il y serait mieux obéi et il pourrait mieux y faire prévaloir ses volontés. On ne serait plus obligé non plus de tant complaire au roi d'Angleterre et à son cardinal (Th. Wolsey). Enfin, on purgerait les Pays-Bas des maraudeurs dont le réceptacle était en Gueldre. Du reste, il semblait à l'évêque que, puisque le duc de Gueldre montrait des dispositions favorables à se

jeta du côté de la France, reprit son inimitié contre la maison d'Autriche et, de concert avec son beau-père, le duc de Lunebourg, ne cessa de travailler pour assurer l'avénement de François Ier à l'Empire.

Le rival de Charles d'Autriche s'était empressé de profiter de la mort de Maximilien pour tâcher de regagner le comte palatin, le margrave de Brandebourg, l'archevêque de Mayence, son frère, ainsi que l'électeur de Cologne. N'ignorant pas ces efforts que le pape Léon X encourageait, et sachant aussi que les nouvelles dispositions du margrave et de l'archevêque de Mayence étaient peu favorables pour le Roi Catholique, Marguerite et le conseil privé des Pays-Bas, très-alarmés, proposèrent à l'unanimité une combinaison qui pût conserver, en tout cas, la couronne impériale dans la maison d'Autriche. Il s'agissait de revenir au premier dessein de l'empereur Maximilien, c'est-à-dire de solliciter les électeurs en faveur de l'archiduc Ferdinand, si la candidature du Roi Catholique échouait; au pis aller, on ferait élire un prince allemand quelconque, le comte palatin Frédéric ou le marquis Casimir de Brandebourg, afin d'écarter François Ier. Marguerite fit connaître, le

détacher du service du roi de France, il fallait ne pas laisser échapper une occasion qui pouvait ne plus se représenter et conséquemment ne pas marchander les concessions. Le principal motif allégué par Érard de la Marck était que le mariage du duc de Gueldre serait probablement stérile. Vieux, jaloux et déjà cassé, il tenait, disait-il, sa jeune femme enfermée et n'avait ni joie ni plaisir. Et en supposant qu'il eût des enfants, le roi, au moyen du traité qui interviendrait, en aurait la tutelle, et il pourrait ainsi disposer d'eux et du pays à son gré. (Lettre du prince de Liége à Marguerite d'Autriche, datée de Curange, le 21 janvier 1519. Collection de *Documents historiques*, aux Archives du Royaume, t. Ier.)

Un projet de traité fut immédiatement préparé par Marguerite d'Autriche, d'après les bases indiquées par l'évêque de Liége, et envoyé à la ratification du Roi Catholique. Mais ce prince exigea diverses modifications. Il ne voulait accorder l'investiture du duché de Gueldre et du comté de Zutphen à Charles d'Egmont et à ses hoirs mâles, procréés de lui en légitime mariage, qu'avec la réserve que ceux-ci tiendraient ces pays par sous-inféodation et comme arrière-fief mouvant du duché de Brabant et que dans cette investiture ne serait pas compris le territoire déjà possédé par le souverain des Pays-Bas, c'est-à-dire Grave et Montfort. A défaut d'héritiers mâles, le duché de Gueldre et le comté de Zutphen reviendraient au roi Charles. S'il y avait une ou plusieurs filles, elles ne

20 février, cette résolution au roi Charles. Mais ce prince la désapprouva fortement. Déjà prévenu des démarches qui se faisaient en faveur de son frère, il lui manda, le 4 mars, qu'il n'entendait pas qu'il se rendît en Allemagne, comme quelques-uns le lui conseillaient, parce que ce voyage serait préjudiciable à leur honneur (1). De même, il écrivit à sa tante qu'il trouvait étrange que, à son insu et sans ses ordres, on se fût si fort hâté de mettre en avant le voyage de l'archiduc Ferdinand au delà du Rhin et que l'on eût même parlé de son élection. Celle-ci, si elle pouvait réussir, affaiblirait l'Empire, désunirait la maison d'Autriche, et réjouirait ses ennemis.

Charles ajoutait avec hauteur que lui seul devait être Empereur, afin de maintenir la splendeur de sa maison et réaliser les grands desseins qu'il avait conçus dans l'intérêt de la chrétienté. « Si la » ditte élection est conférée en nostre personne, comme la raison » veult, selon les choses passées, nous pourrons, disait-il, dres- » ser beaucoup de choses bonnes et grandes, non-seulement con- » server et garder les biens que Dieu nous a donnés, ains iceulx » grandement accroistre, avec ce donner paix, repos et tranquil-

pourraient prétendre qu'à une dot honnête, à la mode de l'Allemagne, c'est-à-dire cent mille florins pour l'aînée et trente mille pour chacune des autres. Si le duc de Gueldre renonçait expressément à l'alliance qu'il avait avec le Roi de France et voulait s'attacher exclusivement au Roi Catholique, celui-ci consentait à lui donner une compagnie de cinquante hommes d'armes avec une pension annuelle de dix mille livres. Enfin, le jeune roi exigeait qu'il fût stipulé, par un article spécial, que celui des deux contractants qui contreviendrait aux conventions arrêtées serait déchu de tout droit qu'il pourrait prétendre auxdits duchés de Gueldre et comté de Zutphen, le souverain des Pays-Bas comme suzerain, Charles d'Egmont comme feudataire. (Lettre du roi Charles à Marguerite d'Autriche datée de Barcelone, le 1er septembre 1519, dans Lanz, *Correspondenz*, etc., t. Ier, p. 54).

Nous avons dit que cette négociation n'eut pas de suite.

(1) M. Mignet a le premier fait connaître la lettre du 20 février, dont une copie se trouve aux archives du ministère des affaires étrangères à Paris : elle est d'ailleurs développée dans la dépêche adressée par Marguerite et les gens du conseil au roi de Castille, et datée de Malines, le 9 mars 1519 (*Négociations diplomatiques*, etc., t. II, p. 316). La lettre du roi à l'archiduc Ferdinand, du 4 mars, est dans le *Rapport sur les archives de Lille*, p. 165.

» lité à toute la Chrestienté, en exauçant et augmentant nostre
» sainte foy catholique, qui est nostre principal fondement..... »

Le jeune monarque, qui dépeignait son ambition et ses projets futurs en un langage si élevé et si fier, tâchait pourtant de ne point désespérer son frère. Il voulait rester le chef incontesté de la maison de Habsbourg et placer sur sa tête la couronne impériale qu'avaient portée ses aïeux; mais il voulait aussi procurer l'avancement et la grandeur de l'archiduc Ferdinand. Pour le dédommager du sacrifice qu'il exigeait de lui, il lui laissait non-seulement entrevoir qu'il lui céderait les domaines héréditaires des Habsbourg en Allemagne, mais il promettait en outre de le faire élire roi des Romains lorsque lui-même aurait été couronné empereur. « C'est ainsi, ajoutait-il, que nous pouvons mettre l'Em-
» pire en tel estat qu'il demeurera à toujours en nostre Maison (1). »

Marguerite d'Autriche, après avoir pris connaissance des instructions que son neveu avait remises au sieur de Beaurain, crut devoir justifier la conduite qu'elle avait tenue. Le 21 mars, elle lui écrivit que, lorsqu'on avait appris dans les Pays-Bas la maladie de l'empereur Maximilien, le conseil avait jugé utile d'envoyer l'archiduc Ferdinand en Allemagne afin de veiller sur les domaines héréditaires du Roi. Elle ajoutait que Ferdinand s'inclinait devant la volonté de son frère, car jamais, disait-elle, on ne vit prince de son âge ni plus sage ni plus débonnaire. À ces explications et à ces excuses, le conseil privé ajouta de graves considérations politiques. Il disait que le bruit courait et court encore en Allemagne que les princes, États et cités de l'Empire ne désirent point un empereur aussi puissant que les rois d'Espagne et de France, qu'ils préféreraient un prince moindre, d'origine germanique, et disposé

(1) *Instructions et mémoires à nostre amé et féal conseiller et chambellan le seigneur de Beaurain* (Adrien de Croy), donnés à Barcelone, le 5 mars 1519. *Négociations diplomatiques*, etc., t. II, p. 303 et suiv. — La candidature de l'archiduc Ferdinand avait déjà fait, ce semble, de grands progrès. C'est ainsi que Jean de Marnix écrivait à Marguerite d'Autriche que ses collègues s'étonnaient que le roi s'opposât à l'élection de son frère; car l'archiduc, disait-il, parviendrait plus facilement à la couronne impériale « au gré de tous les princes et peuples de l'Allemagne. »

à résider en Allemagne. Il rappelait que, à la dernière *journée* tenue en Suisse entre les ambassadeurs de France et les cantons, ceux-ci avaient répondu à la demande que les premiers leur firent de favoriser l'élection de leur souverain, qu'ils s'y refusaient, et qu'ils souhaitaient que ni l'un ni l'autre des deux rois ne parvînt à l'Empire. Le conseil avait aussi appris que le roi de France était dans l'intention, s'il ne pouvait lui-même être élu, de procurer l'Empire au margrave Joachim de Brandebourg et de faire élire son fils roi des Romains, en lui accordant la main de la princesse Renée avec une dot de 500,000 écus comptant, indépendamment d'une rente considérable. Or, si le margrave de Brandebourg, le duc de Saxe ou quelque autre prince était élu par la faveur des Français, il en pourrait résulter un grand préjudice pour le Roi Catholique et ses États. Les électeurs déclaraient, au surplus, que les engagements contractés par eux envers l'empereur Maximilien étaient annulés par son décès. Après avoir exposé ces raisons, le conseil privé suppliait le roi de croire que sa proposition n'avait été mise en avant par aucune affection particulière, mais que ç'avait été le résultat des sérieuses convictions de tous les membres du gouvernement (1).

Charles d'Autriche, de même que François Ier, rencontra un rival sinon plus dangereux du moins plus hypocrite, plus astucieux et plus déloyal que l'archiduc Ferdinand. C'était Henri VIII, roi d'Angleterre. Thomas Boleyn, ambassadeur anglais à Paris, avait formellement promis à François Ier le concours et l'appui de son maître pour faire triompher la candidature du roi de France, et ce prince reconnaissant avait déclaré que, de son côté, il saisirait aussi toutes les occasions de faire plaisir à Henri (2). Du reste, il reconnaissait lui-même qu'il avait reçu du roi d'Angleterre « lettres très-honnêtes et tant gracieuses qu'il n'est possible de plus. » Les mêmes assurances étaient données par Henri VIII au roi de Castille. Il écrivit au rival de François Ier qu'il avait refusé de recom-

(1) Cette pièce importante a été analysée dans le *Rapport sur les archives de Lille*, pp. 175-176.

(2) Lettre de Th. Boleyn à Henri VIII. *Original letters*, t. Ier, pp. 147-150.

mander aux électeurs la candidature du roi de France, et qu'il préférait que la couronne impériale fût décernée au Roi Catholique. La Roche-Beaucourt, ambassadeur de France en Espagne, ayant eu connaissance de cette lettre, qui était entre les mains de l'évêque de Burgos, avertit sa cour de cette découverte si fâcheuse pour la loyauté de Henri VIII. Elle troubla François Ier qui chargea la duchesse d'Angoulême, sa mère, de mander Th. Boleyn et de lui communiquer la dépêche inattendue de l'ambassadeur français (1).

Mais quoique cette révélation dût couvrir le monarque anglais de confusion, il persévéra dans le projet qu'il avait conçu de solliciter pour lui-même la couronne de l'Empire. C'est ainsi que, le 25 mars, il faisait adresser par le cardinal Wolsey des instructions très-pressantes à son ambassadeur à Rome (Sylvestre Giglio, prélat italien, décoré du titre d'évêque de Worcester), afin qu'il s'assurât de l'appui du souverain pontife. Il cherchait d'abord à effrayer Léon X, en lui montrant François Ier étendant son sceptre tyrannique sur le monde entier et en signalant aussi la puissance trop redoutable du roi de Castille. Toutefois, s'il fallait absolument que l'un des deux fût élu, mieux valait encore le Roi Catholique que son rival. Ce qu'il y avait de mieux à faire pour l'intérêt de la chrétienté, c'était, selon Henri VIII, de ne protéger aucun de ces deux princes. « Dans l'intérêt de la chrétienté, disait Wolsey, il » ne faut protéger aucun des deux concurrents. Si l'on ne peut se

(1) Lettre de Th. Boleyn au cardinal Wolsey.... mars 1519. (*Original letters*, t. Ier, pp. 150-153.) — Les rapports existants entre Henri VIII et le roi de Castille étaient alors marqués d'un certain embarras. Tous deux cherchaient à se justifier d'avoir traité avec le roi de France. Ainsi, le roi de Castille, après avoir conclu le traité de Noyon, chargeait ses ambassadeurs en Angleterre de déclarer « qu'il » n'a jamais voulu abandonner ledit roy d'Angleterre, ni innover et faire chose » qui ait esté ou pourroit estre au préjudice de lui ou de ses subjetz... » Et, de son côté, après avoir restitué Tournai à la France, Henri VIII écrivait à la gouvernante des Pays-Bas : « ... Vous priant, au surplus, très-acertes non vouloir » prendre aucun deffidence en nous, et non penser que nous soyons autrement » disposez envers l'Empereur, nostredit très-honoré frère et cousin vostre père, » le Roy Catholique, nostre nepveu, vous et vostre maison de Bourgoigne, que » avons esté par cy-devant, et que noz progeniteurs roys ont esté de leur temps.. » (*Monumenta habsburgica*, t. II, I, pp. 65 et 77.)

» dispenser d'accorder des lettres de recommandation à l'un ou à » l'autre, il faudra user de beaucoup de dissimulation pour en neu- » traliser l'effet. Enfin, il faut démontrer au pape, si les regards se » tournent vers Sa Majesté d'Angleterre, tous les avantages qu'un » tel choix assurerait au saint-siége et à la chrétienté (1). »

Les négociations reprises avec le roi de France par l'archevêque de Mayence et par son frère, le margrave Joachim de Brandebourg, augmentaient encore les difficultés déjà si grandes de la tâche qui avait été confiée aux représentants de Charles en Allemagne. Paul Armerstorff, s'étant rendu près de l'archevêque, l'avait trouvé dans des dispositions peu favorables pour le petit-fils de Maximilien. Furieux de ce mécompte, il s'écriait avec indignation que les Français, par leur diabolique trahison et leurs manœuvres perfides, étaient parvenus à gagner le cardinal de Mayence ainsi que son frère, le margrave Joachim, et l'électeur de Cologne. En mandant ce fait au Roi Catholique, le 4 mars, il lui rendait compte aussi d'une conversation importante qu'il avait eue avec le cardinal de Mayence. Celui-ci l'avait appelé en particulier pour lui dire : « Nous sommes secrètement avertis qu'après que » nous aurons fait l'élection, on ne nous tiendra rien de ce qui » nous a été promis, en pensions et autres choses, car nous savons » que les Espagnols ne veulent ni que le roi sollicite la couronne » impériale ni que sa sœur (la princesse Catherine) sorte d'Espa- » gne ni qu'elle épouse le fils de mon frère. » Il avait ajouté que le pape, le roi de France et le roi d'Angleterre s'étaient ligués pour faire échouer la candidature du Roi Catholique; enfin, il prétendait que celui-ci ne viendrait jamais en Allemagne et que l'Empire demeurerait sans chef. L'agent autrichien avait réfuté toutes ces objections d'une manière satisfaisante; mais il dut s'apercevoir que le langage du cardinal provenait des offres plus grandes qui lui avaient été faites par les Français, et il le lui déclara nettement. Après une orageuse conversation, pendant laquelle Armerstorff ne ménagea point les vérités les plus dures, le cardinal demanda

(1) Ces instructions étaient datées de Londres, 25 mars 1519. (Voir *Ampliss. collectio*, t. III, et Le Glay, *Négociations diplomatiques*, etc., t. Ier, p. CXXIV.)

un supplément de 100,000 florins d'or. L'agent du Roi Catholique s'étant vivement récrié contre l'énormité de cette prétention, le cardinal consentit, après de nouveaux débats, à réduire ce supplément à 20,000 florins. Armerstorff promit ce supplément, au nom du Roi Catholique, mais à la condition expresse que l'accord serait tenu secret et que le cardinal s'emploierait auprès du margrave, son frère, et auprès de l'électeur de Cologne pour que ces princes se contentassent des engagements antérieurs.

Le cardinal, qui y avait acquiescé, dit mystérieusement à l'agent autrichien : « Afin que vous soyez persuadé que je puis et veux » rendre service au roi et que je ne regarde pas tant au bien que » vous pensez, vous promettez de ne me découvrir à personne » jusqu'à ce que l'élection soit faite, et je vous montrerai quelles » pratiques il y a au monde. » Et il ouvrit ses coffres contenant les lettres qui révélaient les machinations et les pratiques du roi de France (1).

Vers la même époque, Maximilien de Berghes apprenait à Charles d'Autriche, sans rien ménager, ce qu'il avait à craindre et à espérer. « Il faut accomplir entièrement, disait-il, ce que les » électeurs désirent, car, loin d'avoir égard au bien de l'Empire » et de toute la chrétienté, ils ne visent qu'à leur profit particu- » lier; c'est pourquoi, puisque vous êtes à leur merci, il faut » franchir ce pas, car tout le monde en ce pays est attaché à V. M., » et je ne doute point que si les Allemands savaient que les élec- » teurs par avarice dussent élire un autre que vous, ils leur re- » fuseraient obéissance et à l'étranger élu, surtout si c'était le » Français (2). » Le comte de Kœnigstein, qui, n'avait pas voulu accepter d'argent, et beaucoup d'autres seigneurs déclarèrent effectivement aux électeurs que, s'ils s'avisaient d'élire François Ier, ils verseraient tous la dernière goutte de leur sang plutôt que d'être français (3).

(1) Paul Armerstorff au roi de Castille, Offembourg, 4 mars 1519. (*Négociations diplomatiques*, etc., t. II, pp. 286 et suiv.)

(2) Maximilien de Berghes au roi de Castille, d'Augsbourg, 8 mars 1519. (*Négociations diplomatiques*, etc., t. II, p. 310.)

(3) Ce fait est révélé dans une lettre de Henri de Nassau à Marguerite d'Autriche du 11 mars 1519. Elle a été publiée par M. Mone.

Malgré ses protestations récentes de dévouement et de fidélité, le cardinal de Mayence abandonna de nouveau le petit-fils de Maximilien. En effet, dix jours après avoir traité avec Armerstorff, il concluait avec un agent français un autre arrangement qui lui assurait, outre une pension viagère de 10,000 florins, une autre somme de 120,000 florins allouée sous prétexte de l'aider à ériger une église à Halle. Le même jour, Joachim de Brandebourg traitait également avec François Ier qui, entre autres avantages, lui assurait pour son fils la main de la princesse Renée, dont la dot était augmentée de 100,000 écus d'or, indépendamment d'une pension viagère de 12,000 florins, réversible sur le fils du margrave (1).

Vers la fin du mois de mars, Armerstorff retourna à Mayence, porteur de la ratification de l'arrangement qu'il avait conclu avec l'électeur quelques semaines auparavant. Mais ce prince, qui venait de traiter avec les agents français, n'était plus dans les mêmes dispositions. Il fallut, pour le regagner, stipuler un nouvel accord qui assurait à l'électeur de Mayence tous les avantages qu'il réclamait, ainsi que toutes les garanties qu'il indiquait (2). Cet électeur resta dès lors invariablement fidèle au parti autrichien; mais il ne parvint pas, toutefois, à déterminer le margrave, son frère, à suivre immédiatement son exemple.

Le chef de la maison d'Autriche était maintenant décidé à prodiguer, comme François Ier, l'argent et les promesses. Il avait déclaré lui-même qu'il ne voulait rien épargner pour son élection, et que, si les sommes promises ne suffisaient point, il en ferait fournir d'autres (3). Les sacrifices, les efforts et les intrigues

(1) *Négociations diplomatiques*, etc., t. Ier, p. CXLIII et t. II, p. 379.

(2) P. Armerstorff à Marguerite d'Autriche, de Mayence, 26 mars 1519. (*Ibid.*, t. II, p. 376.)

(3) L'état des pensions promises par le Roi Catholique aux électeurs et autres personnes influentes s'élevait alors à la somme de 545,650 florins, sans les cadeaux. Le banquier Fugger devait liquider les sommes promises immédiatement après l'élection; Charles offrait d'ailleurs, comme garantie, des hypothèques sur ses domaines dans les Pays-Bas. Il avait écrit à sa tante qu'il fallait que les Pays-Bas contribuassent aux charges qu'il avait à supporter « comme ceux qui étaient plus près du feu. » Mais la gouvernante et le conseil privé lui exposèrent que cette prétention ne pouvait être admise.

de François Ier n'étaient pas moins grands. Il excitait de nouveau contre son jeune rival le duc de Gueldre, lequel ne demandait pas mieux que de recommencer la guerre qu'il faisait depuis si longtemps aux princes de la maison d'Autriche. Il négociait avec les Suisses, et on le soupçonnait de soudoyer ceux qui s'étaient mis au service du duc Ulric de Wurtemberg, l'adversaire de Franz de Sickingen, de ce simple et tout-puissant gentilhomme que Marguerite d'Autriche avait su gagner moyennant une pension de 3,000 florins d'or et le commandement d'une compagnie de vingt hommes d'ordonnance. Enfin, le roi de France avait envoyé à Liége des ambassadeurs qui cherchèrent ouvertement à rompre l'alliance existante entre la principauté et les Pays-Bas (1).

Cependant, Maximilien de Berghes s'était rendu en Suisse afin d'enlever à François Ier l'appui des Cantons. Grâce aux conseils et aux démarches passionnées du cardinal de Sion, la nouvelle mission, confiée à l'un des plus habiles agents de Marguerite, eut un bon résultat. L'accueil qu'on fit à l'ambassadeur du roi Charles fut des plus empressés : trois cents hommes se rendirent au-devant de lui lorsqu'il approcha de Zurich. Ayant eu audience, le 17 mars, il exposa que le Roi Catholique désirait ratifier la ligue héréditaire existant entre les Cantons et la maison d'Autriche; qu'il désirait même contracter avec eux une plus étroite alliance; que les Français ne cherchaient qu'à mettre le trouble dans l'Empire, afin d'opprimer plus facilement la nation germanique; enfin, que l'Empire avait été bien gouverné par des princes allemands, principalement par ceux de la maison d'Autriche. L'envoyé les priait, en conséquence, au nom du Roi Catholique, d'écrire, en faveur de ce prince, aux électeurs, et d'envoyer, à ses frais, leurs députés à Francfort. Le lendemain, les Cantons répondirent que leur intention était de demeurer toujours les bons confédérés de la maison d'Autriche et de Bourgogne; quant à la prétention du roi de France, ils étaient décidés à « ne l'endurer ni souffrir, dussent-ils » perdre leurs biens et leur vie, mais à tenir la main pour qu'un

(1) La régente et le conseil privé des Pays-Bas au roi de Castille, Malines, le 9 mars 1519. (*Rapport sur les archives de Lille*, p. 169.)

» prince d'Allemagne, électeur ou autre, soit élu empereur. »

L'argent avait encore été, dans cette occasion, le meilleur auxiliaire du Roi Catholique. Au reste, la distribution faite par son ambassadeur était loin de satisfaire toutes les convoitises des représentants des Cantons. Jamais on n'avait vu tant de rapacité. « Quand » l'on parle à eulx, mandait Maximilien de Berghes au roi, faut » avoir l'argent en mains, comme si l'on alloit au marché. » Il s'était déjà plaint antérieurement des exigences intolérables des Suisses qui « ne cessent, ni nuyt ni jour, disait-il, de demander. » Il ajoutait que, s'il ne craignait de s'exposer à l'indignation du roi et de nuire à ses affaires, il se retirerait en sa maison et aimerait mieux *porter des pierres* que d'endurer ce que journellement il devait souffrir de la part de ces « belistres et coquins. » Le cardinal de Sion ne remplissait pas gratuitement non plus son rôle de protecteur : quelque temps auparavant, Charles avait ordonné de lui faire compter mille florins d'or.

Selon leur promesse, les Suisses écrivirent aux électeurs de choisir un prince d'Allemagne, mais sans nommer l'archiduc Charles dans leurs lettres. On ne pouvait toutefois se méprendre sur leurs sympathies. Ils avaient résisté à toutes les suggestions des agents français qui invoquaient la libéralité de leur roi et le souvenir de l'alliance conclue en 1516. Les Suisses répondirent : « Que, lorsqu'ils » avaient fait alliance avec le roi de France, ils avaient excepté » l'Église romaine et l'Empire ; qu'ils ne voulaient point du roi de » France pour empereur, et qu'ils étaient décidés, avec la ligue » de Souabe et d'autres membres de l'Empire, à mettre en danger » corps et biens pour repousser tout prince étranger. » Ils rappelèrent leurs compatriotes qui étaient dans l'armée du duc Ulric de Wurtemberg, menaçant, s'ils n'obéissaient pas, de les contraindre par la force à rentrer dans leur pays (1).

Le pape Léon X avait d'abord favorisé de tout son pouvoir la

(1) Lettre de Maximilien de Berghes à ses collègues à Augsbourg, datée de Zurich, le 22 mars 1519; du même au roi de Castille, datée de Constance, le 12 avril. (*Rapport sur les archives de Lille*, pp. 177 et 182, et *Négociations diplomatiques*, t. II, pp. 267, 373, 415 et suiv. Voir aussi Sleidan, liv. Ier.)

candidature de François Ier et combattu les espérances de son jeune rival (1). Il eût toutefois préféré au vainqueur de Marignan Laurent de Médicis ou un prince allemand dont la puissance ne lui porterait pas ombrage. Il ne tarda point à se convaincre que François Ier avait peu de chances de parvenir à l'Empire, tandis que le Roi Catholique en avait beaucoup. Pour les faire échouer l'un et l'autre, il résolut, selon Guicciardin, d'encourager encore François Ier, présumant, non sans raison, que plus celui-ci aurait fait de progrès, plus il serait facile de l'engager à procurer l'élection d'un tiers, lorsqu'il verrait que les électeurs l'avaient bercé de fausses espérances. Il se flattait, d'un autre côté, que le Roi Catholique, en le voyant embrasser avec chaleur les intérêts de son rival, se déterminerait peut-être lui-même à faire élire aussi un tiers, dans la crainte que la France ne l'emportât. Il fit partir pour l'Allemagne, en qualité de légat, le cardinal de Saint-Sixte et, en qualité de nonce, Robert Orsini, archevêque de Reggio. Ce dernier était particulièrement chargé de faire ouvertement, et de concert avec les agents français, toutes sortes d'efforts pour procurer la couronne à François Ier; mais il lui était enjoint secrètement de régler ses démarches sur les dispositions où il trouverait les électeurs et sur l'état des affaires (2).

1519. Au commencement du mois d'avril, les quatre électeurs des bords du Rhin étaient réunis à Ober-Wesel près de Cologne. Le comte Henri de Nassau, Gerard de Pleine, seigneur de la Roche, et Paul Armerstorff se trouvaient également dans cette localité. En apprenant l'arrivée du légat et du nonce, les agents du Roi Catholique

(1) M. Mignet a fait connaître un bref du 12 mars 1519 qui est déposé aux archives de France. Léon X, s'adressant à François Ier, lui promettait, s'il obtenait le titre impérial par les suffrages et les bons offices des archevêques de Cologne et de Trèves, d'appeler ceux-ci dans l'ordre des cardinaux, et il autorisait le roi à leur communiquer cette promesse. Par un autre bref du 14 mars, il promettait, à la même condition, de faire de l'archevêque de Mayence son légat perpétuel en Allemagne.

(2) Guicciardin, *Histoire d'Italie*, liv. XIII, chap. IV. — *Mémoires* de Du Bellay, t. Ier, p. 138. — *Monumenta habsburgica*. (Introduction historique), pp. 220 et suiv.

ne cachèrent ni leur inquiétude ni leur irritation. Sans l'intervention de l'électeur de Mayence, Armerstorff aurait même fait un mauvais parti à l'archevêque de Reggio (1). Les ambassadeurs du pape exhortèrent les électeurs à choisir un bon prince; mais ils ne devaient pas conférer la dignité impériale à Charles, *roi de Naples*, attendu que ce royaume était tributaire de l'Église, et que celui qui le possédait ne pouvait, en vertu de la constitution de Clément IV, réunir l'une et l'autre dignité. Les électeurs objectèrent qu'ils ne s'étaient pas assemblés à Wesel pour désigner l'Empereur, mais bien à cause des armements qui avaient lieu et qui menaçaient la paix de l'Empire. Ils ne pouvaient donc donner réponse au légat; le pape cependant pouvait être assuré, ajoutaient-ils, que, lorsqu'ils procéderaient à l'élection, ils le feraient à la louange du saint-siége et au profit de la chose publique. Du reste, ils s'émerveillaient que le pape eût voulu prescrire une loi aux électeurs; cela ne s'était jamais vu. Le légat répliqua que le pape serait fort peu content de cette réponse; qu'il ne voulait point leur prescrire de loi, mais seulement garder le droit de l'Église (2).

Léon X était moins absolu que son légat en Allemagne, dans les relations directes qu'il avait avec le Roi Catholique, par l'entremise de l'ambassadeur de ce prince à Rome. Loin de le décourager, il se montrait bienveillant pour lui et se disait même prêt, le cas échéant, à lui donner, pour le royaume de Naples, la dispense qui serait nécessaire. A la vérité, Léon X ne dissimulait plus qu'il ne désirait point un empereur aussi puissant que le roi de Castille ou le roi de France. « Mais si le cas advenoit de choisir l'un de

(1) *Négociations diplomatiques*, etc, t. II, p. 577. — *Rapport sur les archives de Lille*, p. 181.

(2) En apprenant ce qui s'était passé à Ober-Wesel, Charles écrivit à ses ambassadeurs qu'il faisait savoir aux électeurs et au pape que les pratiques du légat et du nonce étaient mauvaises. Léon X avait-il donc oublié que, du vivant même de l'empereur Maximilien, il avait accordé au Roi Catholique dispense de l'investiture de Naples? Ce prince pouvait en conséquence se passer de son consentement, puisqu'il ne devait plus le reconnaître comme suzerain. Antérieurement, Charles avait chargé ses agents à Augsbourg « d'empêcher le passage des postes » du pape par le Tyrol et de saisir ses lettres pour dévoiler ensuite ses illicites » poursuites et prétentions. »

» nous deux, écrivoit Charles lui-même à ses envoyés en Allemagne, il a donné à connoître qu'il se contenteroit plus de nous » que dudit roy de France, et ne nous refuseroit ladite dispensa- » tion ny autre chose que luy saurions demander (1). »

Le même jour, Charles mandait aussi à ses commissaires que le roi Henri VIII lui avait formellement promis d'user secrètement de toute son influence pour faire triompher sa candidature (2). Mais, en réalité, Henri VIII tenait, comme on le sait déjà, une tout autre conduite. Il ne s'était point borné à solliciter pour lui-même la bienveillance du souverain pontife; il avait envoyé Richard Pace en Allemagne afin de poursuivre sa brigue, et, le 11 mai, il l'avait accrédité auprès des électeurs pour qu'il leur recommandât la candidature du chef de la maison de Tudor. Toutefois, Richard Pace, s'étant bientôt convaincu que son maître n'avait aucune chance, prit le parti de se tenir sur la réserve, ne favorisant aucun des prétendants, ni le Roi Catholique ni le roi de France.

Quels que fussent les progrès du petit-fils de Maximilien, il était loin encore d'avoir atteint le but de son ambition. Même avant les conférences d'Ober-Wesel, le comte Henri de Nassau ne se faisait pas illusion sur les dernières difficultés qu'il fallait vaincre et surmonter. « Le roi, écrivait-il à l'archiduchesse Marguerite, est peu » connu en Allemagne; les Français en ont dit beaucoup de mal, » et les Allemands, qui viennent d'Espagne, n'en disent guère » de bien. »

Le 28 mars, le principal ambassadeur de Charles d'Autriche avait eu audience de l'électeur de Cologne : celui-ci ne s'était pas engagé positivement, mais ses délégués avaient débattu la question d'argent et demandé, outre les sommes déjà promises, la cession de Kerpen, petite ville du duché de Juliers. Trois jours après, le comte de Nassau avait vu l'électeur de Trèves dans un

(1) Cette lettre était datée de Barcelone, 16 et 20 avril 1519. (Voir *Négociations diplomatiques*, etc., t. II, p. 456.)

(2) Lettre du roi Charles à ses commis en Allemagne, de Barcelone, 16 et 20 avril 1519. (*Négociations diplomatiques*, etc , *loc. cit.*, et *Rapport sur les archives de Lille*, p. 185.)

château près de Coblentz. Ce prélat, qui était le vrai chef du parti français, avait déclaré qu'il ne pouvait prendre d'engagement; mais que, comme homme privé, il était cependant tout disposé à servir le Roi Catholique. Du reste, le chancelier de l'électeur de Trèves, ayant assuré (bien à tort, cependant) qu'il gagnerait son maître, avait obtenu un cadeau de deux mille florins d'or et, en outre, la promesse d'une pension de 300 florins. A Wesel, après la conférence des électeurs avec le légat du pape, un autre chancelier, celui de l'électeur palatin, vint trouver le comte de Nassau et lui dit que l'on faisait à son maître des offres qui dépassaient ce qui lui avait été promis à Augsbourg, avant le décès de Maximilien. Aussi jugeait-il convenable de demander 60,000 florins au lieu de 20,000, indépendamment de la promesse de l'avouerie de Haguenau et de la lieutenance de l'Empire; il exigeait, d'autre part, la restitution de l'engagement remis par lui à Augsbourg, parce que, si l'existence de cet acte était prouvée, l'électeur palatin serait privé de son droit électoral. La même demande ayant été faite d'ailleurs par les électeurs de Cologne et de Mayence, le comte de Nassau crut devoir y accéder, et, pour satisfaire entièrement l'électeur palatin, il lui assura un *supplément* de dix mille florins argent comptant, et une augmentation de pension de deux mille (1).

Il s'agissait maintenant de regagner aussi le plus intraitable de tous les princes d'au delà du Rhin, l'électeur Joachim de Brandebourg. Le 8 avril, ce prince, désigné comme le *père de toute avarice*, signa un acte par lequel il s'engageait formellement à donner sa voix à François Ier, pourvu que deux des coélecteurs, votant avant lui, l'élussent et lui donnassent la leur. Cet engagement avait été obtenu par de nouvelles libéralités : François avait même consenti à porter à 175,000 écus d'or la dot de la princesse Renée (2). Ce marché était conclu et ratifié lorsque, vers la fin

(1) Le comte de Nassau et le seigneur de la Roche au Roi Catholique, Wesel, 4 avril 1519. (*Rapport sur les archives de Lille,* p. 180 et *Négociations diplomatiques,* etc., t. II, pp. 403-406.)

(2) Cet acte et les transactions qui précédèrent ont été révélés par M. Mignet, d'après les archives de France. Les pièces mises au jour par cet historien nous apprennent aussi que le 10 mai suivant, à Coblentz, Jean d'Albret remit lui-même 30,000 florins aux envoyés de l'Électeur.

d'avril, le comte de Nassau et le seigneur de la Roche arrivèrent à Berlin. Le margrave alla au-devant d'eux et leur fit très-bon accueil. Mais les ambassadeurs ne furent pas longtemps sans connaître les prétentions nouvelles et vraiment exorbitantes du prince. Ses conseillers firent les demandes suivantes : 1° Une augmentation de 100,000 florins d'or pour la dot de la princesse Catherine, que le fils du margrave devait épouser; 2° une autre augmentation de 4,000 florins pour sa pension; 3° une gratification de 60,000 florins, au lieu de 30,000, comme prix de sa voix; 4° une indemnité mensuelle de 3,000 florins, au lieu de 1,500, pour qu'il se rendît à l'élection; 5° le vicariat de l'Empire pour la Saxe et les pays adjacents; 6° un engagement par écrit que ces demandes lui étaient accordées. A ces conditions, il promettait de donner sa voix au Roi Catholique si celui-ci obtenait celle des quatre autres électeurs sur lesquels il croyait pouvoir compter. Les ambassadeurs, effrayés de ces prétentions toujours croissantes, refusèrent positivement les cinq premiers points; mais ils allèrent jusqu'à lui promettre 10,000 florins d'or *de vaisselle* et, en outre, qu'ils déposeraient la ratification de la princesse Catherine dans les mains du marquis Casimir. Joachim ne se rendit point et déclara, pour couper court, qu'il se contentait de la première convention faite à Augsbourg avec l'empereur Maximilien. On lui demanda ce qu'il ferait dans le cas où l'un des quatre autres électeurs ne tiendrait point sa promesse : il répondit que, dans ce cas, il se croirait libre. C'est tout ce que les ambassadeurs obtinrent de lui. Ils quittèrent Berlin peu satisfaits et se doutant bien que les offres des Français avaient été plus séduisantes (1).

Les ambassadeurs du Roi Catholique, voyant qu'ils ne pouvaient plus compter sur l'électeur de Brandebourg, songèrent à marier

(1) Le comte de Nassau, le seigneur de la Roche et Ziegler au roi de Castille, de Loch (pays de Saxe), 28 avril 1519. Ils ajoutaient : « La commune voix et » renommée est en sa cour qu'il a traité avec les François contre vous; que deux » évêques de son conseil ont eu, l'un 6,000 et l'autre 4,000 écus d'or comptant: » que lui-même en a reçu. » Cette lettre intéressante, que M. Mignet suppose inédite, a été analysée avec beaucoup de soin par M. Gachard, dans son *Rapport sur les archives de Lille*, pp. 184-186.

la princesse Catherine au neveu du duc de Saxe. Frédéric le Sage désirait beaucoup cette alliance; mais alléguant son serment, comme l'électeur de Trèves, il ne voulait point figurer dans la négociation. Toutefois il en laissait secrètement le soin à son frère, le duc Jean, et celui-ci, quoique la princesse Renée de France lui eût été également offerte pour son fils, montrait des dispositions très-favorables pour la maison d'Autriche (1).

Les chefs de la mission française rivalisaient d'activité avec les ambassadeurs du Roi Catholique. Ils avaient quitté Nancy et s'étaient avancés dans les terres de l'Empire sous l'escorte de quatre cents chevaux allemands aux gages de leur maître. Ils emportaient une somme de quatre cent mille écus qui étaient disséminés dans les sacs de cuir de leurs archers (2). Ils se rendirent d'abord à Coblentz pour y saluer leur plus sincère partisan, l'électeur de Trèves, et de là ils allèrent à Bonn pour tâcher de rallier l'électeur de Cologne à leur parti. Celui-ci, dans une conférence secrète avec Jean d'Albret, refusa de s'engager par écrit à voter pour François Ier, tout en marquant néanmoins, à l'égard du roi de France, les dispositions les plus favorables (3). Mais l'électeur palatin se montra moins scrupuleux. Par un acte signé au château d'Heidelberg, il s'engagea de la manière la plus formelle à donner sa voix à François Ier et à presser les autres princes de lui donner la leur. Ce changement était le fruit d'un nouveau marché conclu très-secrètement, le 9 mai, entre Bonnivet et le chancelier de l'électeur. Il avait été stipulé, entre autres avantages, que ce prince recevrait 100,000 florins d'or après l'élection; et, en outre, que le roi de France lui payerait exactement 5,000 couronnes d'or pour sa pension, distribuerait chaque année 2,000 florins à ses conseillers, conférerait des évêchés à ses deux frères,

(1) Henri de Nassau et Gérard de Pleine au roi Charles, de Rudolstadt, 16 ma 1519. (*Négociations diplomatiques*, etc., t. II, p. 449.)

(2) *Mémoires* du maréchal de Fleuranges, p. 296.

(3) L'électeur de Cologne avait exprimé l'espoir que François Ier suivrait la doctrine de Dieu « qui donna autant à ceulx qui vindrent besongner à sa vigne » à la moitié du jour qu'à ceulx qui y estoient dès le matin. » Lettre de Jean d'Albret à François Ier, du 27 mai 1519, publiée par M. Mignet.

et prendrait au service de France, avec une pension annuelle de 6,000 francs, le comte Frédéric, s'il voulait s'y mettre (1). Or, ce même comte Frédéric, qui naguère avait écrit de sa main à Marguerite d'Autriche pour protester de son dévouement et offrir ses services dans l'affaire de l'élection, venait de recevoir de la part de la gouvernante des lettres d'assurance pour une somme de vingt mille ducats (2).

Pendant que les envoyés de Charles et de François Ier en Allemagne se disputaient avec acharnement la couronne de l'Empire, ces deux princes, qui s'étaient donné naguère tant de témoignages de déférence et d'affection, conservaient, du moins en apparence, leurs relations amicales. Ils étaient toutefois agités l'un et l'autre par les appréhensions les plus vives. Charles était persuadé que si la couronne impériale sortait de la maison d'Autriche, ce serait pour lui une humiliation sanglante et une déchéance irremédiable: il verrait les Français lui disputer ses États héréditaires d'Allemagne ainsi que le royaume de Naples; il devrait renoncer à recouvrer jamais le duché de Bourgogne et risquerait même de se voir dépouillé des Pays-Bas. L'avénement éventuel de Charles d'Autriche n'effrayait pas moins François Ier. C'est ainsi que, le 16 avril 1519, il écrivait à ses ambassadeurs en Allemagne: « Vous » entendez assez la cause qui me meut de parvenir à l'Empire et » qui est d'empêcher que le Roi Catholique y parvienne. S'il y par- » venoit, vu la grandeur des royaumes et seigneuries qu'il tient, » cela me pourroit, par succession de temps, porter un préjudice » inestimable. Je serois toujours en doute et soupçon, et il est à » penser qu'il mettroit bonne peine à me jeter hors de l'Italie. » On parut croire cependant qu'une exécution fidèle du traité de Noyon pourrait encore, quel que fût le résultat de l'élection, ajourner, et pour longtemps peut-être, un conflit qui s'annonçait comme inévitable et prochain. A cette œuvre de conciliation se dévouèrent loyalement les principaux ministres des deux rivaux,

(1) M. Mignet a fait connaître cette négociation d'après les documents originaux et inédits des archives de France.

(2) Jean de le Sauch à Marguerite d'Autriche, d'Augsbourg, 29 avril 1519. (*Négociations diplomatiques*, etc., t. II, p. 441.)

Artus Gouffier, grand-maître de France et duc de Rouannais, et Guillaume de Croy, seigneur de Chièvres. Le 1er mai, ils se réunirent à Montpellier, où ils se proposaient d'arrêter définitivement le mariage de Charles d'Autriche avec la princesse Charlotte de France et d'aplanir à l'amiable les difficultés concernant le royaume de Navarre (1). Malheureusement Artus Gouffier, déjà malade depuis quelque temps, mourut le 10 mai. Cet événement fit avorter les négociations à peine commencées et précipita la rupture. Les idées pacifiques qui animaient le duc de Rouannais ne lui survécurent point. La rancune, la vengeance, l'ambition dominèrent bientôt dans les conseils du roi de France et l'entraînèrent jusqu'à Pavie. Aussi un contemporain a-t-il dit avec raison que la mort du sage Artus Gouffier fut comme le signal de ces luttes acharnées qui allaient dévorer plus de deux cent mille hommes (2).

La diète électorale avait été convoquée à Francfort-sur-le-Mein, pour le 17 juin. Dès le 8, tous les électeurs s'étaient rendus dans cette ville dont l'entrée, pendant la durée du conclave, était interdite aux princes non électeurs ainsi qu'à leurs ambassadeurs (3). Henri de Nassau, le comte palatin Frédéric, l'évêque de Liége, le margrave Casimir de Brandebourg-Culmbach s'établirent à Höchst, à deux lieues de Francfort, laissant les autres agents du Roi Catholique à Mayence. Jean d'Albret et le président Guillart se fixèrent à Coblentz; plus hardi, Bonnivet se rendit déguisé et sous le nom du capitaine Jacob, à Rüdesheim, non loin de la ville électorale; quelquefois même il pénétrait dans Francfort, sous le costume d'un valet et portant la malle d'un gentilhomme allemand (4). Comme

(1) Mémoire de ce qui s'est passé en la journée de Montpellier, dans les *Négociations diplomatiques*, etc., t. II, p. 450. Voir aussi *Monumenta habsburgica*. II, I, pp. 78 et suiv.

(2) *Mémoires* de Fleuranges, t. Ier, p. 307. — Voir aussi Du Bellay, t. Ier, p. 112.

(3) La *Bulle d'or* prescrivait que le magistrat de Francfort prêterait serment de fidélité aux électeurs, et que, pendant la diète, il n'admettrait dans la ville qu'eux et leur suite. Cette suite, d'ailleurs, ne pouvait se composer pour chacun de plus de 200 cavaliers dont 50 portant des armes.

(4) *Mémoires* du maréchal de Fleuranges, p. 298.

la *Bulle d'or* exigeait que les électeurs fussent libres de tout engagement, les deux rois, remplissant une formalité sans conséquence, avaient l'un et l'autre délié de leurs promesses ceux qui leur avaient assuré et vendu leur vote. Que signifiait, en effet, cette renonciation hypocrite, lorsque l'œuvre de corruption se poursuivait au sein même de la diète ; lorsque l'archevêque de Trèves, acceptant des ambassadeurs français 50,000 écus d'or, les portait dans la ville électorale pour tâcher de gagner l'archevêque de Cologne et le chancelier Ladislas Sternberg, représentant du jeune roi de Hongrie et de Bohême (1)?

De son côté, le parti autrichien avait recours à l'intimidation. Au moment où la diète s'ouvrait, vingt mille hommes de pied et quatre mille cavaliers, sous le commandement de Franz de Sickingen et du marquis Casimir de Brandebourg, entourèrent Francfort. C'étaient les troupes de la ligue de Souabe que le Roi Catholique, devançant à cet égard son rival, avait prises à sa solde pour trois mois, selon les conseils de Marguerite d'Autriche et du duc de Bouillon. Le voisinage de ces bandes redoutables, qui naguère avaient envahi le Wurtemberg et châtié le duc Ulric, consterna les partisans de François Ier et réjouit ceux de Charles d'Autriche.

Le 18 juin, jour d'ouverture de la diète, les électeurs réunis dans l'église de St-Barthélemy entendirent d'abord la messe pour invoquer la grâce du St-Esprit. Tous jurèrent ensuite qu'ils donneraient leur voix librement et sans s'être liés par aucun pacte, et sans avoir reçu aucune faveur ou promesse. L'archevêque de Mayence, archichancelier de l'Empire, ouvrit enfin la diète par un discours où il exhorta les électeurs à la concorde, ajoutant que cet accord était d'autant plus nécessaire qu'ils avaient plus de périls à craindre pour leur patrie, d'un côté, de la part du Turc qui menaçait de l'envahir, et de l'autre, de la part de ceux qui cherchaient à la démembrer (2).

(1) Voir les lettres des ambassadeurs de François Ier à ce prince, du 10 et du 14 mai 1519, citées par M. Mignet d'après les archives de France.

(2) *Histoire de la réformation* ou *Mémoires* de Jean Sleidan *sur l'état de la religion et de la république sous l'empire de Charles-Quint* (traduction de P.-F. le Courrayer), la Haye, 1767, in-4°, t. Ier, p. 31.

La candidature des rois de France et de Castille fut alors solennellement déclarée dans les lettres que les ambassadeurs de ces princes adressèrent aux électeurs pour demander ouvertement leurs suffrages. Le langage de Charles d'Autriche respirait une mâle fierté et révélait une haute et noble ambition. Il disait aux électeurs qu'il était résolu de marcher sur les traces de son grand-père, le roi d'Aragon, conquérant de Grenade, en combattant comme lui les infidèles, et que c'était pour exécuter plus aisément ce dessein qu'il sollicitait l'Empire. « Notre vraie intention et vou-
» loir, ajoutait-il, est d'établir et de maintenir la paix par toute
» la chrétienté et de consacrer toutes nos forces et notre puis-
» sance à la défense et à la conservation de notre foi. » Il se garderait bien, disait-il encore, d'aspirer à la couronne impériale s'il n'était de la vraie race germanique, prince possessionné dans l'Empire, et si le premier fleuron de sa noblesse ne venait de la maison d'Autriche dont il était l'héritier. Il rappelait ensuite la mémoire de son bisaïeul Frédéric III et celle de son aïeul Maximilien qui avaient l'un et l'autre gouverné longuement et avec gloire la nation germanique. « Si c'est la volonté de Dieu, ajoutait-il, que
» nous soyons leur successeur, nous suivrons leur exemple, de
» telle sorte que la liberté de la nation germanique, tant au spiri-
» tuel qu'au temporel, soit non-seulement conservée mais encore
» augmentée. » Et même s'il voyait chose préjudiciable à ladite liberté germanique, il promettait, en foi et parole de roi, de la redresser et de consacrer son corps, ses États et ses biens à cette œuvre glorieuse (1).

Par une singulière coïncidence, la diète reçut presque en même temps la circulaire où Charles posait si fièrement sa candidature et un mémoire dirigé contre ce prince par le duc de Gueldre, l'ennemi le plus persistant de la maison de Bourgogne. Dans ce document curieux, Charles d'Egmont récapitulait tous ses griefs contre cette maison et, dans la prévision du triomphe du petit-fils de Maximilien, réclamait la protection de l'Empire contre le futur Empereur (2).

(1) *Papiers d'État du cardinal de Granvelle*, t. Ier, p. 111.

(2) J.-J. Pontanus, *Hist. Gelr.*, fol. 684. — Slichtenhorst, *Geldersse geschiedenissen*, fol. 355.

De nouvelles intrigues remplirent les premiers jours de la diète; des tentatives nouvelles de corruption furent faites de part et d'autre auprès de ces princes et de ces dignitaires qui avaient déjà si gravement compromis leur honneur dans un indigne trafic. L'électeur palatin était surtout le point de mire des deux partis, parce qu'on savait que celui de Cologne suivrait son impulsion. En dernier lieu, le palatin avait formellement engagé sa voix aux ambassadeurs français. Pour l'arracher à cette position, le comte Frédéric, son frère, pénétra dans Francfort, sous un déguisement, et atteignit le but qu'il avait en vue. Prévenu de cette défection par l'archevêque de Trèves, l'amiral Bonnivet adjura l'électeur de rester fidèle à François Ier. Il lui proposa une des sœurs du roi de France en mariage, avec une dot de deux ou trois cent mille florins, la solde de 200 chevaux pendant toute sa vie et le dédommagement des pertes qu'il pourrait éprouver s'il était attaqué à cause de son vote; il lui offrit aussi, pour le défendre contre les bandes de Franz de Sickingen, de faire marcher l'armée que le roi avait rassemblée sur la frontière d'Allemagne. Le palatin se montra inébranlable : mais il recommanda à Bonnivet de pourvoir à la sûreté de sa personne.

Un autre mécompte était réservé à François Ier. Le cardinal légat, obéissant aux instructions formelles de Léon X, venait de signifier aux électeurs que le souverain pontife, dans des intentions de concorde et de paix, ne s'opposerait plus à l'élection du roi Charles, si leurs suffrages se portaient sur lui. Quoique la situation parût désespérée, l'amiral Bonnivet fit une dernière tentative pour empêcher le triomphe du Roi Catholique. Renonçant à soutenir plus longtemps la candidature de François Ier, il essaya d'opposer un prince allemand, le margrave de Brandebourg ou le duc de Saxe, à l'heureux rival de son maître. Cette nouvelle combinaison, secrètement approuvée par la cour de Rome, fut sur le point de réussir. Des deux nouveaux candidats indiqués par Bonnivet, l'un, le duc Frédéric de Saxe, était véritablement redoutable, car cet électeur, par sa sagesse et sa droiture, s'était concilié de vives sympathies. La dignité impériale lui fut offerte par ses collègues : mais, soit modestie, soit patriotisme, soit tout autre motif, il déclina l'honneur suprême qu'on voulait lui faire et se montra partisan résolu du roi Charles (1). Dès lors était irrévocablement assuré le triomphe du petit-fils de Maximilien Ier, du puissant héritier des quatre maisons de Bourgogne, d'Autriche, de Castille et d'Aragon.

Ce fut le 28 juin que les électeurs se réunirent de nouveau dans l'église de St-Barthélemy pour procéder définitivement à l'élection du chef de l'Empire. 1519.

L'archevêque de Mayence, après en avoir conféré d'abord avec l'électeur de Saxe, ouvrit la délibération en disant qu'il s'agissait de savoir qui l'on choisirait, de François Ier, roi de France, de Charles d'Autriche, roi des Espagnes, ou de quelque prince allemand. Il se prononça formellement contre le monarque français, en premier lieu parce que François Ier était étranger et secondement parce qu'il ne se servirait de la puissance impériale que pour tâcher d'étendre ses États; on le verrait, au lieu de combattre les Turcs, essayer toutes ses forces contre son rival et s'efforcer de lui arracher non-seulement l'Autriche et les Pays-Bas, mais encore le royaume de Naples. Pour donner plus de poids à sa prédiction, l'archevêque fit connaître que déjà François Ier levait une armée. Il s'attacha ensuite à montrer les inconvénients très-graves qui résulteraient du choix d'un prince allemand. Élire pour chef un prince

(1) Cette dernière phase du conflit a été éclaircie par M. Mignet au moyen de la correspondance de l'amiral Bonnivet avec le comte palatin et avec François Ier, conservée dans les MSS de la Bibliothèque impériale de Paris. L'amiral Bonnivet prit sur lui de proposer la candidature d'un prince allemand, avant d'avoir reçu les instructions de son maître. Celles-ci ne furent expédiées que le 26 juin et arrivèrent trop tard. Elles étaient d'ailleurs conformes aux démarches spontanées de l'amiral. François n'imposait pas au duc de Saxe, comme l'avait fait Bonnivet, l'obligation de solliciter pour le possesseur du trône de France le titre de roi des Romains, après que le duc aurait pris possession de l'Empire; ce qu'il désirait, c'était d'écarter à tout prix du trône impérial le Roi Catholique. — Que la dignité impériale ait été positivement offerte au duc de Saxe, on ne peut en douter: on n'a pas seulement le témoignage de Sleidan; le fait de cette offre est également constaté dans le manifeste que l'électeur Jean Frédéric, neveu de Frédéric le Sage, publia contre l'édit et le ban que Charles-Quint avait lancés contre lui et le landgrave de Hesse, le 20 juillet 1546. « Eût-il osé le faire, demande le commentateur de Sleidan, si le fait du refus n'eût été et public et constant? »

trop faible, ce serait exposer l'Empire à des dissensions funestes et à un démembrement; ce serait encourager les violentes disputes qui se sont élevées sur les indulgences, sur la puissance du pape et sur les lois ecclésiastiques; ce serait compromettre irrévocablement l'unité religieuse qu'il importe tant de rétablir par des remèdes prompts et efficaces; ce serait enfin ouvrir l'Allemagne aux Turcs. « Pour tous ces motifs, continua l'archevêque, je crois que » nous devons choisir pour Empereur quelque prince puissant; » et, tout considéré, il me semble qu'on doit préférer Charles d'Autriche à tous les autres princes d'Allemagne. Et, s'il y a quelques » inconvénients à le choisir, je trouve pourtant qu'il y en a moins » qu'à choisir tout autre prince. Car il est Allemand d'origine et » il possède plusieurs États à titre de fiefs de l'Empire. Il n'y a » pas d'apparence, d'ailleurs, qu'il veuille rendre esclave notre » patrie commune, et il promettra sous serment de ne jamais » transférer l'Empire ailleurs et de ne donner aucune atteinte à » nos droits et à nos libertés. Telles sont les raisons qui me font » pencher en sa faveur. Mais, toutes puissantes qu'elles soient, » elles ne suffiraient pas pour me déterminer, si, d'ailleurs, je » n'étais pas entièrement persuadé de l'excellence de son caractère. Car il aime la religion, la justice et la pudicité; il hait toute » sorte de cruauté, et il a un excellent esprit. Toutes ses vertus le » feront sans cesse ressouvenir de son devoir et de l'attention » qu'il doit au bien de l'Empire. Ceux qui le connaissent familièrement en font de grands éloges; et nous n'avons aucun lieu » d'en douter, si nous nous rappelons les bonnes qualités de son » père Philippe et de Maximilien, son aïeul. Il est jeune à la vérité, mais cependant d'un âge mûr et propre au gouvernement; » et d'ailleurs il pourra se servir des conseillers de son aïeul et de » quelques princes d'Allemagne dont il pourra faire choix pour » se conduire par leurs avis. J'ai dit, auparavant, qu'il y aurait » de grands inconvénients s'il demeurait trop longtemps absent » d'Allemagne; mais on pourra pourvoir à ce mal en l'obligeant, » par certaines lois, à ne pas s'en absenter trop longtemps. De » plus, comme il a de grands États en Allemagne, il est impossible » qu'il ne les visite de temps à autre. D'ailleurs, enfin, comme il

» aura à chasser les Turcs de Hongrie, et les Français d'Italie, qu'il » faudra qu'il songe à pacifier et à réformer l'Église et qu'il sera » obligé de fournir quelquefois des secours à ses alliés, c'est ce » qui diminue en moi la crainte que l'on a des inconvénients de » son absence. Car, et la force naturelle de son esprit, et l'amour » de sa patrie, et la nécessité même des choses l'engageront assez » à revenir de temps en temps chez nous (1). »

L'archevêque de Mayence, ayant cessé de parler, exhorta ses collègues à dire chacun leur avis. Ils s'expliquèrent en peu de mots, puis engagèrent l'électeur de Trèves, chef du parti français, à développer aussi les raisons qui l'engageaient à soutenir la candidature de François Ier. L'électeur répondit alors, avec éloquence et habileté, à l'apologie de Charles d'Autriche. Il allégua d'abord que si Charles pouvait être élu Empereur parce qu'il avait des États qui relevaient de l'Empire, cette même raison devait avoir autant de force pour François Ier, possesseur de la Lombardie et du royaume d'Arles, qui étaient également des fiefs impériaux. « Si l'on choisit le roi de France, poursuivit-il, il n'y aura plus de » sujet de guerre en Italie, car il est déjà en possession du Milanais. Et pour ce qui regarde le royaume de Naples, nous le dis» suaderons de rien entreprendre, et nous y réussirons. Nous » pouvons nous flatter de la même chose à l'égard des Pays-Bas, » pourvu que ces peuples veuillent demeurer tranquilles. Je ne » vois pas, cependant, quel intérêt nous avons à ce qui concerne » leur pays. Il est vrai que les Flamands ont été de tout temps nos » voisins. Mais ils n'ont ni traité ni alliance avec nous; ils croient » que les lois de l'Empire ne les regardent point, et ils ne contri» buent pas plus aux besoins publics que les Anglais ou les Écos» sais. »

Si l'on nomme le Roi Catholique, dit-il encore, celui-ci voudra reprendre la Lombardie, et, durant la lutte qui éclatera aussitôt entre les deux plus puissants princes de la chrétienté, qui résistera aux Turcs? Puis, aux espérances que donnait Charles d'Autriche, l'électeur de Trèves opposait le mérite déjà éprouvé de son compé-

(1) Sleidan, *Oper. cit.*, t. Ier, pp. 52-56.

titeur. « Je ne doute point, ajouta-t-il, que Charles ne soit d'un » esprit doux et modeste, car c'est ainsi que la plupart en par- » lent; mais jeune comme il est, comment peut-on juger avec » quelque assurance qu'il a les vertus qui sont requises pour for- » mer un grand prince? L'État en demande un qui, comme l'a » sagement remarqué l'électeur de Mayence, puisse raffermir et » réformer l'état de l'Église. Or, personne ne pourra mieux réussir » à le faire que le roi François Ier qui a beaucoup d'esprit et de » jugement, qui a coutume de s'entretenir souvent de la religion » avec des savants, et qui lit beaucoup. D'ailleurs, l'état présent » des choses demande un prince et un général qui entende la » guerre, et qui soit en même temps et actif et heureux. Or, je » vous prie, qui, à cet égard, l'emporte sur François Ier? On con- » naît et on a déjà éprouvé son courage. Nous ne savons, au con- » traire, rien de Charles, sinon que son caractère promet quelque » chose; tandis que François, par la grandeur de ses actions, a » déjà surpassé ses ancêtres. » Il conclut en déclarant que si les destins voulaient que la couronne impériale passât sur la tête d'un prince étranger, il fallait préférer le roi de France au souverain des Espagnes; mais que, si la loi de l'Empire en excluait le Français, elle était tout aussi sévère pour l'Espagnol. Dans cette hypothèse, sans avoir égard aux interprétations subtiles qui tendaient à faire regarder Charles comme Allemand, il fallait jeter les yeux sur un prince qui n'eût d'autre résidence que l'Allemagne et qui fût véritablement Allemand par sa naissance, ses mœurs, son esprit et son langage (1).

C'était solliciter de nouveau l'ambition de Frédéric de Saxe; mais cet électeur, loin de se laisser ébranler, appuya fortement l'avis de l'archevêque de Mayence. Il démontra que François Ier était exclu de la prétention à l'Empire par les lois, tandis que Charles, archiduc d'Autriche, était un vrai prince allemand et avait un domicile en Allemagne. Il ajouta que l'Empire avait besoin d'un prince puissant et qu'aucun n'égalait Charles d'Autriche. Pour ces motifs, il proposait de lui décerner la dignité impériale, mais

(1) Sleidan, *Oper. cit.*, t. Ier, pp. 56-59.

à de certaines conditions qui assurassent la liberté de l'Allemagne et prévinssent tous les dangers signalés par les électeurs de Trèves et de Mayence (1).

Cette opinion triompha dans le collége électoral. Tous les autres électeurs s'y rallièrent, sans excepter l'archevêque de Trèves qui s'expliqua en ces termes : « Je prévois le destin de l'Allemagne » et je discerne le changement qui est près d'arriver; mais puisque » vous avez jugé à propos de prendre ce parti, je déclare que » j'acquiesce volontiers à votre jugement (2). »

La délibération s'était prolongée jusque dans la nuit. Il était dix heures du soir lorsque les sept électeurs s'accordèrent pour réunir leurs suffrages sur le rival heureux de François Ier.

Le lendemain, les électeurs s'assemblèrent de nouveau pour délibérer sur les conditions qui seraient exigées de lui. Après que cette capitulation eut été approuvée par les ambassadeurs autrichiens, l'archevêque de Mayence, archichancelier de l'Empire, monta en chaire dans l'église de Saint-Barthélemy et, en présence de la noblesse et du peuple, proclama roi des Romains et futur empereur Charles, cinquième du nom, prince d'Autriche et roi des Espagnes. « Il dit, rapporte Sleidan, qu'on devait rendre grâces » à Dieu pour cette élection qui s'était faite avec tant d'unanimité; » il exhorta tout le monde à rendre au nouveau prince fidélité et » obéissance, et, après s'être étendu sur ses louanges, il exposa » les raisons qui avaient porté les électeurs à le choisir. » Des acclamations accueillirent ce discours.

Les ambassadeurs de Charles étant entrés dans Francfort, les électeurs réglèrent avec eux la forme du gouvernement de l'Empire jusqu'à l'arrivée de l'élu. Ils envoyèrent ensuite en Espagne une ambassade qui avait pour chef le comte palatin Frédéric, avec mission de remettre au Roi Catholique les lettres qui lui notifiaient son élection et l'engageaient à se rendre sans délai en Allemagne.

(1) Sleidan, *Oper. cit*, p. 40.

(2) *Ibid.*, p. 40. — Les discours que Sleidan met dans la bouche des électeurs ont été réellement prononcés. Cf. la lettre du cardinal Cajetan à Léon X, écrite de Francfort, le 29 juin. (*Lettere di principi*, t. Ier, pp. 68-72.)

Le triomphe de Charles-Quint fit éclater la joie la plus vive, sinon en Allemagne, du moins dans les Pays-Bas. Dès le 30 juin, Marguerite d'Autriche qui avait eu une si grande part à ce triomphe notifia aux gouverneurs des provinces l'élection du roi de Castille en qualité de roi des Romains. Elle ordonnait en même temps aux villes et châtellenies de rendre grâces à Dieu « par processions, » sermons, dévotes prières et oraisons » et de faire « feux de » joie, esbatements et aultres actes en tel cas requis et accoustumés (1). »

Les compatriotes de Charles-Quint dépassèrent certainement les instructions de la gouvernante; car les fêtes duraient encore vers la fin du mois de juillet, lorsque Richard Pace, l'ambassadeur mortifié de Henri VIII, vint visiter la cour de Malines. Aucune question ne lui fut adressée sur les démarches qu'il avait faites près des électeurs dans l'intérêt de son maître. L'archiduchesse et tous les seigneurs de la cour feignirent, au contraire, de lui témoigner leur reconnaissance pour l'appui qu'il avait donné, en Allemagne, à l'élection du Roi Catholique. « Et, en vérité, écrivait hypocritement l'ambassadeur, ils n'ont aucune raison de se plaindre » de moi, car je n'ai jamais parlé contre le Roi Catholique, considérant qu'il me suffisait d'avoir exposé aux électeurs les raisons » qui devaient le faire écarter (2). »

Charles-Quint, après avoir été retenu plus de dix mois à Barcelone par les cortès de Catalogne, s'était retiré à *Molin del Rey*, à cause de la peste qui avait éclaté dans la ville (3). Ce fut donc à Molin qu'il reçut, vers la fin du mois de novembre, les envoyés des électeurs. Après qu'ils eurent rempli leur mission, le nouveau roi des Romains répondit par la bouche de Mercurin de Gattinare, son chancelier, et les assura que, « quoiqu'il fût menacé d'être » attaqué fortement, d'un côté, par les Français et de l'autre par

(1) Lettre datée de Bruxelles, le 30 juin 1519. (*Négociations diplomatiques*, etc., t. II, p. 455.)

(2) R. Pace au cardinal Wolsey, de Malines, 27 juillet 1519. (*Original letters*, t. Ier, pp. 157-158.)

(3) W. Bradford. *Correspondence of the emperor Charles V*. (London, 1850, in-8°), p. 484.

» les Turcs, il ne manquerait point à ce qu'il devait à leur patrie
» commune, surtout après que de si grands princes avaient porté
» de lui un jugement aussi favorable. » Il ajouta « qu'il acceptait
» l'honneur qu'ils lui avaient déféré, leur en marquait sa recon-
» naissance, et mettrait incessamment à la voile pour se rendre
» sur les frontières de l'Empire (1). »

(1) Sleidan, *Oper. cit.*, t. Ier, p. 41.

CONCLUSION.

Charles-Quint s'embarque pour les Pays-Bas. — Il arrive inopinément à Douvres au moment où Henri VIII se disposait à partir pour le continent, afin de s'y aboucher avec François Ier. — Portrait de Charles-Quint. — Il se rend au sein des états généraux réunis à Bruxelles; paroles affectueuses qu'il adresse aux représentants des Pays-Bas et éloge qu'il fait de Marguerite d'Autriche, sa tante. — Seconde entrevue de Henri VIII et de Charles-Quint à Gravelines et à Calais. — Préparatifs pour le couronnement de Charles à Aix-la-Chapelle. — Avant de partir pour l'Allemagne, il fait ses adieux aux états généraux réunis à Anvers. — Il traverse Liége et s'arrête quelques jours à Maestricht. — Ordonnance qui confère à Marguerite d'Autriche, avec des prérogatives plus hautes, la régence des Pays-Bas. — Le comte Henri de Nassau est nommé chef des gens de guerre. — Mesures prises afin de ne pas donner à François Ier un prétexte pour commencer la guerre. — Détails sur le couronnement de Charles-Quint à Aix-la-Chapelle. — Carrière glorieuse qui s'ouvre devant l'heureux descendant des maisons de Bourgogne et d'Autriche.

1520. Le 20 janvier 1520, Charles-Quint, après avoir confié l'Espagne au loyal mais faible Adrien d'Utrecht, quitta Barcelone pour se rendre dans les Pays-Bas et de là en Allemagne. Il traversa Burgos, Valladolid et Saint-Jacques en Galice pour atteindre le port de la Corogne. Il s'y embarqua le 20 mai et fit voile pour l'Angleterre. Le 27, il débarqua inopinément à Douvres. Henri VIII était à Cantorbéry et se disposait à partir pour le continent où il devait rencontrer François Ier entre Guines et Ardres, lorsqu'il apprit l'arrivée du roi des Romains. Ce prince, par une résolution habile, avait voulu prévenir son rival et avait depuis plusieurs mois concerté son voyage dans une correspondance secrète avec Henri VIII, Catherine d'Aragon et le cardinal Wolsey (1). Henri et son ministre

(1) Cette correspondance, commencée dès le mois d'août 1519, tient une grande place dans le dernier recueil publié par le docteur Lanz. Elle prouve

s'empressèrent de venir trouver le roi de Castille à Douvres et, malgré la brièveté de cette entrevue, Charles y trouva le moyen de s'attacher plus étroitement Wolsey, en même temps que sa maturité précoce faisait une impression profonde sur le monarque anglais. Il fut même convenu qu'une nouvelle conférence aurait lieu prochainement entre les deux souverains, entre Calais et Gravelines, et que Henri y amènerait Catherine d'Aragon et Charles sa tante, Marguerite d'Autriche (1).

avec quelle habileté Charles avait profité de l'offre que lui avait faite Henri VIII de toucher en Angleterre, lorsqu'il se rendrait d'Espagne dans les Pays-Bas; elle montre aussi avec quel soin le nouvel Empereur tâchait de se concilier le monarque anglais, car il poussait la condescendance jusqu'à lui exprimer sa gratitude pour les services que Richard Pace lui avait rendus en Allemagne; enfin, elle fournit des preuves nouvelles de la vénalité du cardinal Th. Wolsey. La plupart des historiens ont cru que cette première entrevue avait été concertée par ce ministre, à l'insu de Henri VIII. Il n'en est rien. La lettre écrite de Londres, le 19 mars 1520, à Charles-Quint par ses ambassadeurs, l'évêque d'Elne et Jean de le Sauch, suffirait à lever tous les doutes sur ce point. Après avoir raconté que, la veille, un dimanche, ils s'étaient rendus à Greenwich où ils avaient été mandés par le roi, celui-ci, après la messe, les prit à part avec Wolsey et la reine. « Et dit » ledit seigneur roy : Or bien, je suis bien aise que les affaires ont eu telle dis- » position et me semble qu'elles sont bien. Et lors appela la royne (Catherine » d'Aragon) et lui dit : Orcha, l'empereur, mon frère et vostre nepveu, viendra ce » coup icy, j'ai bien espoir que le verrons avant celluy de France, autrement il » m'en desplairoit; combien que je ne le polrois pas par honneur amender, mais » ce n'est pas ma coulpe. Et afin de donner plus de temps à l'Empereur mon » frère et nepveu, j'ay escript et fait escripre au roi de France pour adviser » de prolonger le temps de la veue de lui et moy; mais je me suis bien gardé » de lui escripre la cause. Par quoy j'espère que j'en aurai bonne responce, car » il n'est possible qu'il sache encoires l'estat auquel les matières sont entre l'Em- » pereur et moy; car s'il le sçavoit, il ne vouldroit accorder. Ad ceste cause il » fault tenir secret le plus que l'on polra. Et lors la royne levant les yeulx vers » le ciel, joindant les mains, rendit louenge à Dieu de la grâce qu'elle esperoit » lui feroit, que le plus grant désir qu'elle a en ce monde, qui est de veoir » Vostre Majesté, lui polra advenir. Dont humblement merchioit le roy son sei- » gneur mary, luy faisant ung honneur fort bas, et ledit seigneur roy osta son » bonnet et lui dit : nous en ferons de nostre costé tout ce que nous polrons, etc. » (*Monumenta habsburgica*, II, I, p. 125.)

(1) Voir, sur l'entrevue de Douvres, Pontus Heuterus, p. 356; Sismondi. (*Hist. des Français*, t. XVI, p. 116 et Robertson, *Hist. de Charles-Quint*, liv. II.)

Après avoir passé quatre jours en Angleterre, Charles-Quint continua son voyage. Le 1er juin, à quatre heures de l'après-midi, il arriva à Flessingue, d'où il se rendit à Bruges où l'attendaient Marguerite d'Autriche avec l'archiduc Ferdinand et les membres principaux de la noblesse des Pays-Bas, ainsi que les ambassadeurs de Venise et des députés de la plupart des princes et des cités impériales de l'Allemagne (1).

Charles-Quint avait alors dépassé sa vingtième année. De stature moyenne, il avait les membres bien proportionnés et toute sa personne, malgré les attaques d'épilepsie dont il avait quelquefois souffert, marquait plutôt de la vigueur que de la faiblesse. Passionné pour les exercices corporels, il passait pour le plus adroit cavalier de son temps: on l'avait même vu descendre dans l'arène et terrasser de ses mains un taureau furieux. Il avait le teint blanc, les cheveux bruns, les yeux bleus et le nez aquilin, signe distinctif des anciens héros, selon l'expression d'un vieil annaliste. Sa lèvre inférieure un peu avancée, comme celle de ses aïeux de la maison de Bourgogne, semblait dénoter une fierté voisine du dédain. Mais on admirait la sérénité habituelle de son front spacieux, la fine pénétration de son regard et la force calme que révélait son attitude déjà pleine de gravité (2). Sur le visage toujours serein et immobile de Charles-Quint, on pouvait à peine saisir une trace fugitive des émotions qui l'agitaient; réfléchi, réservé, s'exprimant toujours avec modération, il inspirait le respect autour de lui tout en se conciliant, par sa douceur, l'affection de ceux qui le servaient (3).

(1) Sur le voyage de Charles-Quint, Cf. *Journal* de Van de Nesse et Bradford, *Oper. cit.,* p. 484.

(2) Pontus Heuterus, p. 689, Ant. de Vera, pp. 351-352 de la traduction française, et de Meteren, fol. 23 de son *Histoire des Pays-Bas,* fournissent les meilleurs éléments pour le portrait de Charles-Quint, à cette époque.

(3) « *Cum esset in cubiculo cum suis familiaribus et domesticis, nunquam quisquam res laetas vel acerbas ad eum esse allatas ex vultu ejus potuit suspicari : tanta erat oris, oculorumque, et totius vultus Caesarei constantia, et quasi perennis quaedam serenitas.* » De vita Caroli Quinti, par Guillaume Snouckaert de Scauwenburg (Zenocarus), Gand, 1559, in-fol., lib. V, p. 260.

On a eu tort de soutenir que la volonté et le génie de Charles-Quint s'éveillèrent tard. Plus d'une fois, depuis quelques années, il avait révélé, avec une intelligence précoce, un caractère décidé. Lorsque, en 1516, le président et les membres du grand conseil de Malines furent venus présenter au jeune prince leurs compliments de condoléance au sujet de la mort de Ferdinand d'Aragon, Charles, en présence des personnages les plus marquants de sa cour, prit soudainement la parole et, de son propre mouvement, dit le document auquel nous empruntons ce fait « ordonna et » commanda expressément auxdits président et gens dudit grand » conseil, que dez lors en avant ils feissent et administrassent » bonne justice également au grand, moyen et petit, sans accepta- » tion de personnes et sans faveur, peur, crainte, ou dissimula- » tion quelconque : dont il chargeoit leurs consciences. » Et il ajouta ces belles paroles : « S'il advenoit qu'aucuns, par impor- » tunes poursuites ou aultrement, obtinssent de luy aucunes fois » lettres ou ordonnances pour retarder ou delayer justice, qu'il » ne vouloit ni entendoit qu'ils deussent aucunement obéir ni » acquiescer auxdites lettres et ordonnances (1). »

On possède encore d'autres témoignages de l'intelligence, de la fermeté et de l'opiniâtreté que Charles-Quint manifestait depuis son émancipation. Cette fermeté de caractère s'accrut encore après la mort du S[gr] de Chièvres(2). Enfin deux ans à peine s'étaient écoulés depuis l'avénement de Charles-Quint à l'Empire, qu'un de ses conseillers, qui le voyait de bien près, écrivait à Marguerite d'Autriche : « Il n'y a si grand ni si sage en son royaume qui lui fasse » changer son opinion, s'il ne lui semble que la raison doive la » lui faire changer. J'ai connu beaucoup de princes en divers âges, » mais je n'en ai connu aucun qui mît plus de peine d'entendre » ses affaires et qui disposât du sien plus absolument que lui. » Il est son trésorier des finances et son trésorier des guerres; » les offices, évêchés, commanderies, il les donne ainsi que Dieu

(1) Voir *Histoire du grand conseil de S. M.*, parmi les MSS. de l'ancienne bibliothèque de Bourgogne.

(2) Guillaume de Croy mourut à Worms, le 18 mai 1521.

» lui inspire, sans s'arrêter à la prière de qui que ce soit (1). »

Charles était impatient de se retrouver au milieu des représentants du pays. Il avait chargé la gouvernante de les convoquer, et il les trouva réunis, lorsqu'il arriva à Bruxelles. En cette assemblée, il rendit solennellement hommage à l'activité et à la loyauté dont la régente et les nobles de son conseil avaient donné tant de preuves pendant son absence. Il répéta aux états que, malgré son éloignement, « son cœur avoit toujours été par deçà. » Puis, il leur communiqua, comme à ses meilleurs confidents, ce qu'il avait fait dans ses royaumes d'Espagne et leur dit qu'il était revenu pour prendre possession de la dignité impériale ainsi que des pays et seigneuries qui lui étaient échus en Allemagne. Enfin, il leur annonça qu'il avait besoin d'une *aide* et qu'il ferait faire, à chaque corps en particulier, des propositions à cet égard (2).

Le *camp du Drap d'Or*, où François Ier avait cherché par tous les moyens à se concilier l'amitié de Henri VIII, venait à peine d'être levé que Charles s'achemina vers Gravelines pour tâcher d'effacer l'impression produite par son rival. Il y réussit en montrant au monarque anglais une déférence extraordinaire. Il le flatta, il le gagna en offrant adroitement de soumettre à sa décision tous les différends qui pourraient s'élever entre François et lui (3).

Le souverain des Pays-Bas ne perdait pas de vue l'objet principal de son voyage, c'est-à-dire son couronnement à Aix-la-Chapelle comme roi des Romains. Il avait fixé le 6 octobre pour cette solennité, et des lettres circulaires avaient été en conséquence expédiées aux électeurs. Mais ces princes, apprenant que la peste faisait de grands ravages à Aix, sollicitèrent l'empereur d'indiquer

(1) Gérard de Pleine, seigneur de la Roche, à l'archiduchesse Marguerite, de Vittoria, le 14 janvier 1522. Collection de *documents historiques* (Archives du royaume), t. II.

(2) Gachard, *Des anciennes assemblées nationales de la Belgique*, § 11.

(3) Robertson, *Hist. de Charles-Quint*, liv. II. — Cette seconde entrevue eut lieu le 10 juillet; Henri VIII et Charles passèrent plusieurs jours ensemble à Gravelines, puis à Calais.

une autre ville pour son couronnement. De leur côté, les habitants d'Aix envoyèrent une députation à Charles, qui était alors à Louvain, pour le conjurer de ne pas changer sa résolution; ils alléguaient d'ailleurs que le mal était infiniment moindre qu'on ne le publiait. L'Empereur accueillit cette requête et répondit aux électeurs qu'il devait se conformer aux dispositions de la *Bulle d'or*, lesquelles prescrivaient que le couronnement du roi des Romains aurait lieu dans la ville où étaient déposés les insignes qui avaient été portés par Charlemagne. Toutefois la solennité fut différée de quelques jours (1).

Avant de se diriger vers l'Allemagne, Charles se rendit de nouveau, dans les premiers jours d'octobre, au sein des états généraux qui avaient été convoqués à Anvers. Il les remercia, par l'organe de son chancelier, de la brillante et cordiale réception que tous ses pays lui avaient faite et des *aides* qu'ils lui avaient accordées. Il leur annonça que, après avoir réglé les affaires de l'Empire, il se rendrait en Espagne où des nécessités grandes et urgentes requéraient de nouveau sa présence. Il les prévint que, pendant son absence, l'archiduchesse Marguerite continuerait à diriger le gouvernement et, en terminant, il engagea les représentants des diverses provinces à demeurer unis et d'accord. Les états généraux, par la bouche de Jean Caulier, seigneur d'Aigny, exprimèrent à l'Empereur leur gratitude pour l'affection qu'il leur témoignait. L'orateur des états déclara ensuite qu'ils avaient accordé bien volontiers les *aides* demandées par le souverain et ajouta que, si cela avait été en leur pouvoir, ils auraient fait davantage. Il promit que les états, selon la recommandation qui leur avait été adressée, demeureraient étroitement unis. Charles, avant de les congédier, prit lui-même la parole et les pria « de vouloir estre » bons subjects, » promettant, de son côté, « qu'il seroit bon roy » et bon prinche. » Il dit aussi « qu'il auroit mémoire d'eulx » et » qu'il partoit à regret (2). »

Charles-Quint quitta Anvers et s'achemina lentement vers Aix-

(1) Sleidan, *Oper. cit.*, t. Ier, p. 77.

(2) Gachard, *Des anciennes assemblées nationales de la Belgique*, § 11.

la-Chapelle, accompagné de l'archiduchesse Marguerite et de la noblesse des Pays-Bas. Le 11 octobre, se rendant aux sollicitations d'Érard de la Marck, avec lequel il avait conclu récemment un traité, il consentit à visiter Liége, et n'eut qu'à se louer de l'accueil qu'il reçut dans cette grande commune, qui avait été si longtemps troublée par les plus violentes dissensions.

Le 13, il se rendit à Maestricht où il séjourna quelques jours. Ce fut dans cette ville et au moment de quitter la Belgique qu'il donna à l'archiduchesse Marguerite, sa tante, un témoignage éclatant de sa confiance en lui conférant, avec des prérogatives plus hautes, la régence des Pays-Bas pendant tout le temps de son absence. Ainsi tombaient toutes les fausses rumeurs qui avaient été propagées ; car, jusqu'à la cour d'Angleterre, on avait cru que, lorsque Charles-Quint se rendrait en Allemagne, il confierait le gouvernement des Pays-Bas au seigneur de Chièvres, et enverrait Marguerite d'Autriche en Espagne pour y remplacer le cardinal Adrien d'Utrecht (1).

Dans l'ordonnance, qui portait la date du 19 octobre, Charles rappelait d'abord l'institution qu'il avait faite d'un conseil privé, en 1517, avant de se rendre en Espagne, et les services rendus, comme gouvernante et régente, par Marguerite d'Autriche, sa tante, « auquel gouvernement elle s'est si grandement et vertueu-
» sement acquittée et employée, disait-il, que, à notre retour de
» nosdits royaumes d'Espagne en nosdits pays de par-deçà, elle
» nous a rendu bon et léal compte de toute son administration,
» et remis nosdits pays et subjects en nos mains en bonne union,
» subjection, vraye et due obéyssance à nostre apaisement et con-
» tentement. » Il instituait de nouveau sa tante, l'archiduchesse Marguerite d'Autriche, régente et gouvernante des Pays-Bas, et

(1) Voir la lettre adressée par Jean de le Sauch au seigneur de Chièvres et datée de Londres, le 7 avril 1520. Il rapporte une conversation qu'il a eue avec le cardinal Wolsey. Du reste, cette dépêche constate la rivalité qui existait entre Guillaume de Croy et Marguerite d'Autriche. « Les présences d'elle et de vous
» ensemble au pays, disait l'ambassadeur, ne polront bonnement estre au con-
» tentement de tous deux, qui polroit causer aulcuns inconvéniens ès affaires
» du roy. » (*Monumenta habsburgica*, II, I, p. 135.)

établissait près d'elle un conseil privé composé de la régente, des évêques de Liége et d'Utrecht, des princes et seigneurs *du sang* (de Bourgogne-Autriche), chevaliers de l'ordre de la Toison d'or; de Philibert Naturelli, dom prévôt d'Utrecht, chancelier de l'Ordre; du seigneur de Ligne, comte de Faukemberghe; de Robert d'Arenberg, vicomte de Bruxelles; de Ph. Dales et de quelques autres personnages moins connus. La présidence du conseil privé fut déléguée à Jean Caulier, seigneur d'Aigny, le même qui avait harangué l'Empereur à la dernière assemblée des états généraux tenue à Anvers. Dix maîtres de requêtes et quatorze secrétaires furent adjoints à ce conseil. Parmi ces derniers, on distinguait Philippe Haneton, lequel avait seul la signature des finances, Jean de Marnix, Remacle d'Ardenne, célèbre par ses poésies latines, et Jean Lallemand, qui fut attaché pendant si longtemps à la chancellerie de Charles-Quint. Le conseil privé devait résider continuellement près de la gouvernante et se réunir dans son hôtel chaque fois qu'elle jugerait convenable de le convoquer pour délibérer sur les affaires sortant « du train ordinaire de justice. » En outre, le chef-président du conseil, les maîtres des requêtes, secrétaires et huissiers devaient s'assembler tous les jours deux fois, savoir depuis huit jusqu'à dix heures du matin et de trois jusqu'à cinq heures après-midi, en toutes saisons de l'année, pour expédier les affaires ordinaires ressortissant à la justice. Le chef-président était d'ailleurs tenu de faire rapport à la gouvernante, une fois chaque jour, des délibérations et des travaux du conseil. Charles-Quint ajoutait : « Nous avons donné et donnons pouvoir à notre dame et
» tante de assembler les estats de nosdits pays en général et en
» particulier toutes et quantes fois que besoin sera et en tel lieu
» que bon lui semblera, leur faire proposer toutes matières et
» affaires, demander secours, services, aides et subsides, accorder
» retraite, accepter ou refuser leurs réponses, communiquer et
» besoigner avec eulx, tout ainsi que nous-même ferions si pré-
» sent y estions; voulons et ordonnons aussi que lesdits des états
» et nos autres subjects, pour toutes leurs affaires, soit en général
» ou particulier, aient leur adresse, recours et refuge en notre-
» dite dame et tante, et que, par elle, ils soyent dressés, dépé-

» chés et traités le plus favorablement que faire se pourra (1).... »

En même temps, le comte Henri de Nassau était nommé chef des gens de guerre, sous la direction de la régente; et les mesures les plus rigoureuses étaient prescrites, d'une part, pour empêcher l'oppression et le pillage des campagnes, et, d'un autre côté, pour éviter de fournir aux ennemis de l'Empereur toute occasion de commencer les hostilités. Après avoir ordonné que le « Prévost des » Mareschaulx » suive continuellement les gens d'armes, quelque part qu'ils soient et s'enquière de logis en logis de leur conduite, afin de redresser les torts dont ils se seraient rendus coupables, sous peine de punition arbitraire pour lui-même, Charles poursuivait en ces termes : « ..... Pour ce que nous désirons garder et » maintenir nosdits pays en bonne paix et tranquillité et repos » durant notre absence, deffendons expressément à tous ceulx de » nostredit conseil, chief et capitaine général, gens de guerre et » à tous nos vassaulx et subjects, de quelque état ou condition » qu'ils soyent, qu'ils ne s'avancent de commencer, esmouvoir ou » entreprendre aucune guerre contre qui que ce soit, sans le » sceu, adveu et exprès consentement de nostre dite dame et tante » et des estats de tous nos pays, ou par nostre exprès comman- » dement et ordonnance. Et, s'il advenoit que nous ou nosdits » pays et subjects fussions assaillis, agressés et contraincts de faire » la guerre par deçà (que Dieu ne veuille!), en ce cas, leur ferons

(1) Un mois auparavant, Charles-Quint avait cédé à sa tante la ville et terroir de Malines. « L'archiduc, dit M. Le Glay, se trouvait héritière de son père pour » plusieurs duchés, comtés et seigneuries où elle était fondée à requérir partage » à l'encontre des enfants de son frère Philippe; mais, par affection pour ces der- » niers et notamment pour l'Empereur, son neveu, elle voulut bien s'en des- » saisir moyennant certaine indemnité viagère. Elle s'effaçait ainsi et renonçait » à son patrimoine pour exhausser d'autant la puissance de ce prince qu'elle » avait élevé, dont elle était la mère adoptive et qui déjà la faisait tressaillir » d'un juste orgueil. Pour compenser jusqu'à un certain point ce généreux » abandon, l'Empereur lui alloua une somme de deux cent mille florins philippes » d'or; il lui céda en outre et transporta la ville et terroir de Malines avec leurs » appartenances, pour en jouir sa vie durant. (Acte donné à Bruxelles, le 18 sep- » tembre 1520). » (Voir *Correspondance de Maximilien Ier*, etc., t. II, pp. 443-445.)

» toute ayde, secours et assistance à nous possible, et nous en ac-
» quitterons de sorte que chacun cognoistra l'amour que leur por-
» tons, et que ne les voulons abandonner ne laisser fouler, ains
» les garder, préserver et défendre envers et contre tous de force,
» violence, oppression, extorsion, oultraige et de toutes contesta-
» tions et exactions et nouvellitez indues. Et si seront aussi, audit
» cas d'invasion, aidés, assistés et secourus du roy d'Angleterre
» et autres princes voisins, selon que chacun y est tenu et obligé
» par traicté, et qu'ils l'ont promis et accordé (1). »

On voit avec quelle prudence Charles-Quint agissait alors et l'attention qu'il mettait à prévenir le conflit armé, qui était l'objet des désirs les plus ardents de son rival. Malgré toutes ces précautions, la guerre devait éclater l'année suivante et l'agresseur fut le roi de France. C'est ce que l'Empereur avait voulu pour laisser à son rival la responsabilité des maux qui allaient, pendant si longtemps, affliger la chrétienté. En apprenant que les Français avaient passé la frontière, Charles, qui était alors à Bruxelles, s'écria : « Dieu soit loué de ce que ce n'est pas moi qui commence la
» guerre, et de ce que le roi de France veut me faire plus grand
» que je ne suis; car, en peu de temps, ou je serai un bien pauvre
» empereur, ou il sera un pauvre roi de France (2). »

A l'époque du couronnement, on n'entendait pas encore le bruit des armes; le calme régnait, mais c'était ce calme menaçant qui précède et présage les plus violentes tempêtes.

Après avoir pourvu au gouvernement et à la défense des Pays-Bas, Charles-Quint, toujours accompagné de sa tante et des principaux seigneurs belges, quitta Maestricht et alla passer la nuit au château de Wetthem. Le 22 octobre, il fit son entrée à Aix-la-Chapelle (3), où la veille étaient arrivés les électeurs de Mayence,

(1) Recueil concernant l'administration des Pays-Bas. MSS de l'ancienne bibliothèque de Bourgogne.

(2) Lettre d'Aleandro de' Galeazzi, datée de Bruxelles, 3 juillet 1521. *Lettere di principi*, t. I, fol. 93, citées par M. de Simondi, *Hist. des Français*, t. XVI, p. 152. Voir aussi *Étude sur Charles-Quint*, par A. Duméril (Douai, 1856, 1 vol. in-8°), pp. 39-40.

(3) Nous avons trouvé, pour l'itinéraire de Charles-Quint, des indications pré-

de Cologne et de Trèves ainsi que les ambassadeurs du duc de Saxe, qui s'était arrêté à Cologne pour cause de maladie, et ceux du margrave de Brandebourg dont l'absence s'expliquait par d'autres motifs.

« Le lendemain, les trois électeurs ecclésiastiques et les repré-
» sentants des autres allèrent au-devant de l'Empereur, dit Sleidan,
» et, étant descendus de cheval à son approche, ils le reçurent avec
» beaucoup d'honneur. L'électeur de Mayence portait la parole et
» l'Empereur lui fit faire une réponse très-obligeante par le car-
» dinal de Saltzbourg. Ensuite, tous s'étant joints ensemble, ils
» s'avancèrent de concert vers la ville. L'électeur palatin reçut
» l'Empereur à la porte, à la tête de la cavalerie, qui appartenait
» aux électeurs. Cette cavalerie était au nombre de 1,600 hommes,
» partie piquiers et partie archers, et l'Empereur en avait avec
» lui 2,000, tous habillés magnifiquement. Jean, duc de Clèves,
» qui vivait dans le voisinage, amena aussi avec lui 400 cavaliers,
» extrêmement bien armés. Il y eut une grande contestation entre
» eux et les troupes de Saxe, à qui aurait le pas; et la dispute fut
» si longue que la nuit surprit cette pompe, la plus grande qu'eût
» jamais vue l'Allemagne. Les électeurs de Mayence et de Cologne
» marchaient aux deux côtés de l'Empereur, derrière lequel venait
» l'ambassadeur du roi de Bohême, et ensuite les cardinaux de
» Sion, de Saltzbourg et de Croy, et les ambassadeurs des rois et
» des reines, à l'exception de ceux du pape et d'Angleterre, qu'on
» suppose n'avoir point voulu s'y trouver, de peur que, s'ils cé-

cieuses dans un fragment des opuscules de Mathieu Herbenus, publié par M. le chanoine de Ram (*Bulletins de la Commission royale d'histoire*, 1re série, t. XII, pp. 43-44). Toutefois nous devons faire remarquer que les dates consignées par Herbenus sont en désaccord avec celles qui ont été adoptées jusqu'à présent. Pontus Heuterus est le seul, croyons-nous, qui ait fixé le couronnement au 21 octobre. D'après Sleidan, dont la version a été admise par les historiens les plus accrédités, ainsi que par M. N. de Wailly dans ses *Éléments de paléographie*, t. Ier, p. 278, Charles fit son entrée à Aix le 22 et fut couronné le 23. Or, si l'on suit Herbenus, on devrait reculer le couronnement jusqu'au 26. Mais nous croyons que ce chroniqueur s'est trompé, ou plutôt que, par la faute du temps ou d'un copiste, des erreurs et des contradictions se sont glissées dans son texte.

» daient le pas aux princes d'Allemagne, ils ne parussent blesser » la dignité de leurs maîtres.

» L'Empereur, ayant été conduit à l'église de Notre-Dame, y fit » sa prière, et s'étant entretenu ensuite quelque temps séparé- » ment avec les électeurs, il se retira au logis, qui lui avait été » préparé. Le lendemain, il revint à l'église où la foule se trouva » si prodigieuse que les gardes ne purent qu'à peine la contenir. » Au milieu de l'église, il y a une couronne fort large suspendue, » au-dessous de laquelle on avait étendu un grand nombre de » tapis. L'Empereur y demeura prosterné quelque temps, pen- » dant lequel l'électeur de Cologne récita quelques prières. Le » prince s'étant relevé fut conduit par les électeurs de Mayence et » de Trèves à l'autel de la Vierge où, s'étant prosterné de nou- » veau, il resta en cette posture pendant qu'on récitait d'autres » prières, après lesquelles il fut conduit à un trône doré.

» Immédiatement après, l'électeur de Cologne commença la » messe pendant laquelle il demanda à l'Empereur, en latin, s'il » promettait de garder la foi catholique, de défendre l'Église, » d'administrer la justice, de rétablir l'Empire, de protéger les » veuves, les orphelins et les autres malheureux et de rendre au » pape l'honneur qui lui était dû; l'ayant promis, il fut conduit à » l'autel où il en fit le serment dans les paroles accoutumées et » fut ensuite reconduit à son trône. L'électeur de Cologne, s'adres- » sant aux princes, leur demanda à leur tour s'ils voulaient pro- » mettre respect et fidélité à l'Empereur, ce qu'ayant promis et, » après quelques autres prières, il lui fit les onctions à la tête, à » la poitrine, aux plis des bras, et au dedans des mains. Après ces » onctions, les électeurs de Mayence et de Trèves le conduisirent » à la sacristie où ils le revêtirent des habits de diacre, puis le » ramenèrent à son trône. Là, après quelques nouvelles prières, » l'archevêque de Cologne, assisté des archevêques ses collègues, » lui mit l'épée nue entre les mains et lui recommanda la défense » de la république. Puis, après avoir remis l'épée dans le fourreau, » il lui mit un anneau au doigt, le revêtit du manteau royal et lui » donna le sceptre et le globe, qui représente la figure de la terre. » Tous les trois archevêques, ensuite, lui ayant mis la couronne

» sur la tête, il fut derechef conduit à l'autel où il fit un nouveau » serment de remplir les devoirs d'un bon prince. Conduit, après, » par les trois archevêques à un endroit plus élevé, il y fut placé » sur un siége de pierre. Là, l'archevêque de Mayence ayant fait » un discours en allemand et lui ayant souhaité toute sorte de » prospérité, il se recommanda lui, ses collègues et tous les ordres » de l'Empire à ses soins et à sa bienveillance. C'est ce que firent » aussi, après l'archevêque, les membres du chapitre auxquels on » l'agrégea suivant l'ancienne coutume. Après quoi, pour marquer » la joie publique, on entendit le bruit des trompettes et de tous » les autres instruments de musique.

» L'Empereur ayant reçu la communion et la messe étant finie, » il fit chevaliers tous ceux qui le souhaitèrent, en leur touchant » légèrement l'épaule de l'épée nue.

» De l'église on vint ensuite à un palais magnifiquement orné » où l'Empereur dîna, et les électeurs chacun séparément, leurs » tables étant placées de chaque côté de celle de l'Empereur, et » celle de l'électeur de Trèves vis-à-vis de ce prince, selon qu'il est » réglé par la bulle d'or de Charles IV. Suivant l'ancienne cou- » tume, on fait ce jour-là rôtir un bœuf rempli de toutes autres » sortes de viandes, dont on présente un morceau à l'Empereur, » et dont le reste est abandonné au peuple, aussi bien que le vin » de deux fontaines, préparées à cet effet, qui coulent tout le jour. » Après le dîner, l'Empereur, de retour à son logis, remit à l'arche- » vêque de Mayence les sceaux de l'Empire et, le lendemain, il » donna à souper aux électeurs.

» Le jour d'après, ce prince revint à l'église où, après avoir en- » tendu la messe, il rendit ses respects aux reliques des saints. » Après quoi, l'archevêque de Mayence déclara que le pape, après » avoir approuvé cette élection, ordonnait à Charles de prendre » dorénavant le titre d'Empereur élu (1).

» Les électeurs s'étant retirés pour ne pas demeurer plus long- » temps dans un lieu infecté de peste, l'Empereur se mit aussi en

(1) On sait que le couronnement de Charles-Quint, comme empereur et roi de Lombardie, eut lieu à Bologne en 1530, par le ministère du pape Clément VII.

» chemin et, étant arrivé à Cologne au commencement de novem-
» bre, il y expédia et envoya ses lettres circulaires par toute
» l'Allemagne pour indiquer une diète de l'Empire, ordonnant à
» tout le monde de se rendre à Worms, où elle devait se tenir le
» 6 janvier suivant (1). »

Ce fut cette diète célèbre où Luther, après avoir refusé de se soumettre, fut proscrit par un édit public. Le début de Charles-Quint était donc marqué de tous les signes menaçants qui annoncent les grandes et terribles commotions. A chaque pas que Charles avait fait vers la possession de la dignité impériale, il avait vu surgir un ennemi plus puissant et plus formidable. Ce fut d'abord François Ier, puis Luther, puis le grand Soliman II qui avait ceint à Constantinople le sabre de Mahomet, le jour même où le petit-fils des rois catholiques recevait à Aix-la-Chapelle la couronne de Charlemagne. Mais Charles devait accepter, avec le courage des grands hommes, l'immense fardeau que la Providence lui imposait, et, en combattant les ennemis de la chrétienté et les adversaires de sa puissance, il devait signaler par des actions héroïques un des règnes les plus mémorables dont les annales du monde fassent mention. Ce n'était plus l'adolescent qui inscrivait sur son bouclier : *Pas encore!* Charles-Quint, qui va concevoir et exécuter de si vastes entreprises, annonce fièrement sa glorieuse destinée par ces mots caractéristiques : *Plus ultra*.

(1) *Mémoires* de Jean Sleidan, etc., traduits par Le Courayer, t. Ier, pp. 77-80.

TABLE DES MATIÈRES.

CHAPITRE II.

MARGUERITE D'AUTRICHE ET CHARLES D'EGMONT.

CHAPITRE III.

LA LIGUE DE CAMBRAI ET LA SAINTE LIGUE.

Charles de Gueldre. — Traité de Cambrai du 10 décembre 1508. — Jules II divulgue le secret de la ligue. — Délibérations dans le Sénat de Venise. — Les Français passent les Alpes. — Bataille d'Agnadel perdue par les Vénitiens. — La République prend la résolution d'abandonner ses États de terre ferme. — Jules II, après avoir humilié Venise, se décide à la sauver. — Maximilien dans les Pays-Bas; ses discussions avec les états généraux. — Il se rend à Trente; sa conduite bizarre à l'égard de Louis XII. — Réaction en faveur de Venise dans ses anciennes provinces de terre ferme. — Refroidissement parmi les confédérés. — Avénement de Henri VIII, roi d'Angleterre; il veut s'opposer à l'agrandissement des Français. — Jules II se réconcilie avec Venise. — Son alliance avec les Suisses. — Mort du cardinal d'Amboise. — Louis XII n'ose poursuivre ses succès contre le pape. — Concile convoqué à Pise pour être l'arbitre de la querelle entre le roi de France et le souverain pontife. — Jules II lui oppose un concile universel et forme avec Venise et le roi d'Aragon une nouvelle coalition dirigée contre la France. — Le roi d'Angleterre y accède. — Courte et héroïque carrière de Gaston de Foix. — Bataille de Ravenne. — Les Français sont obligés d'abandonner l'Italie. — Mort de Jules II. — Avénement de Léon X. — Traité de Malines du 5 avril 1513; il n'est ratifié ni par le roi d'Aragon ni par le pape. — Louis XII se réconcilie avec Venise. — Les Français rentrent en Italie et reperdent leurs conquêtes après la bataille de Novare. — Vues de Henri VIII; Maximilien et Marguerite d'Autriche les favorisent. — Nouvelles contestations au sujet de la Gueldre. La reprise des hostilités excite un vif mécontement contre Marguerite d'Autriche. — Par haine contre la France, elle engage Maximilien Ier à prêter assistance aux Anglais, mais sans entraîner les Pays-Bas dans la guerre. — Plaintes de Louis XII. — Trêve de quatre années conclue avec la Gueldre. — Débarquement des Anglais. — Démantèlement de Térouane; bataille de Guinegate; capitulation de Tournai. — Les Suisses, qui avaient envahi la Bourgogne, écoutent les propositions de Louis de la Tremoille et se retirent. — Réconciliation de Louis XII avec Léon X, le roi d'Aragon et l'Empereur. — Nouveaux projets d'alliance matrimoniale avec la maison d'Autriche. — Mort de la reine Anne de Bretagne. — Sur le bruit répandu à Londres du mariage prochain de Marguerite d'Autriche avec Louis XII, Henri VIII se décide à rompre le projet d'union déjà décidé entre l'archiduc Charles et Marie d'Angleterre, pour donner la main de cette jeune princesse au roi de France. — Mariage de Louis XII avec Marie d'Angleterre; il meurt trois mois après. — Avénement de François Ier. — Paroles hautaines qu'il adresse à l'envoyé du jeune souverain des Pays-Bas, et réponse de cet ambassadeur. Pages 38 à 67.

CHAPITRE IV.

MARGUERITE D'AUTRICHE ET LE CARDINAL XIMENÈS.

Éducation de Charles d'Autriche. — Adrien d'Utrecht. — Goût du jeune prince pour les exercices corporels. — Dès son enfance, il est mis en communication avec les états généraux des Pays-Bas. — Émancipation de Charles d'Autriche. — Le S^gr de Chièvres l'initie aux affaires. — Premières relations avec François Ier. — Ambassade envoyée en France pour demander la main de la princesse Renée, sœur de la reine Claude. — Traité du 24 mars 1515, qui stipule les conditions de ce mariage et écarte les demandes principales des ambassadeurs belges. — Le duc de Gueldre est compris dans le traité. — Motifs qui obligent Charles d'Autriche à le ratifier. — Cession qui lui est faite de la Frise. — François Ier passe les Alpes. — Victoire de Marignan. — Félicitations adressées par le souverain des Pays-Bas au roi de France. — Mort de Ferdinand le Catholique, roi d'Aragon. — Traité de Noyon du 13 août 1516 : Charles s'engage à épouser Louise de France, fille de François Ier, au lieu de la princesse Renée. — L'empereur Maximilien accède au traité. — Le S^gr de Chièvres et son parti cherchent à écarter Marguerite d'Autriche du gouvernement des Pays-Bas. — Cette princesse présente l'apologie de son administration dans un conseil présidé par le jeune souverain. — Intervention de l'empereur Maximilien en faveur de sa fille. — Pendant que Marguerite d'Autriche défendait les Pays-Bas, le cardinal Ximenès veillait sur les royaumes espagnols qui devaient échoir à Charles d'Autriche. — Le vieux roi d'Aragon aurait voulu déshériter son petit-fils. — Premier testament en faveur de Ferdinand, frère de Charles. — Celui-ci est enfin rétabli en tous ses droits, et son grand-père lui recommande, sur son lit de mort, les intérêts de la reine Germaine de Foix. — Ximenès régent du royaume de Castille ; Charles confirme ses pouvoirs et lui adjoint Adrien d'Utrecht, comme son ambassadeur. — Charles est proclamé roi de Castille. — Tableau de la cour de Bruxelles, tracé par l'évêque de Badajoz, dans un mémoire adressé à Ximenès. — Réformes accomplies par Ximenès, et qui ont pour résultat de satisfaire l'avidité des principaux conseillers intimes de Charles. — Plaintes du régent de Castille sur les dépenses excessives du nouveau souverain. — Une députation de Juifs et de Mores convertis est envoyée au roi, à l'effet d'obtenir des modifications dans la procédure suivie par l'Inquisition ; Ximenès fait rejeter cette requête. — Fermentation dans la Castille. — Charles convoque les états généraux des Pays-Bas à Gand, et annonce son départ prochain pour l'Espagne. — Marguerite d'Autriche est investie de la régence. — Avant de s'éloigner, Charles ordonne que tous les officiers, qui composent la maison de Ferdinand, son frère, soient congédiés et remplacés par d'autres. — Charles débarque à Tazones. — Les ministres belges le tiennent éloigné de Ximenès et obtiennent du jeune souverain que l'illustre régent sera entièrement écarté des affaires. — Mort de Ximenès. — Charles est reconnu, à Valladolid, comme roi de Castille, de Léon et de Grenade. — Il écrit à François Ier pour lui faire connaître ce résultat de son voyage et resserrer leur alliance. — En disposant des principales dignités de l'État en faveur de ses conseillers belges, il porte au comble l'irritation des Castillans. — L'infant Ferdinand est renvoyé dans les Pays-Bas. — Entrée solennelle de Charles à Saragosse, où il est proclamé roi d'Aragon. — Lettre affectueuse qu'il adresse aux villes des Pays-Bas. — Remontrances des principales cités de la Castille sur la partialité du roi en faveur des étrangers, l'exportation de l'argent monnayé, etc. — D'autres soins vont détourner l'attention de Charles de ces justes griefs. — Il aspire à la dignité impériale . . . . . . Pages 68 à 101.

CHAPITRE V.

CHARLES-QUINT ET FRANÇOIS Ier.

François Ier fait les premières démarches pour obtenir la couronne impériale. — Trois électeurs se déclarent pour lui. — Charles d'Autriche avertit son aïeul Maximilien de ces pratiques hostiles. — Ce prince, après avoir tenté de joindre la tiare à la couronne impériale, offre à Henri VIII d'abdiquer en sa faveur la dignité de roi des Romains. — Ce projet était-il sincère? — Maximilien se détermine à faire nommer un de ses petits-fils pour son successeur et finit par soutenir la candidature du Roi Catholique. —Démarches faites par Maximilien pour gagner les électeurs. — Les archevêques de Mayence et de Cologne, ainsi que le comte palatin et le margrave de Brandebourg, engagent leur vote au Roi Catholique. — François Ier s'aliène aussi d'autres personnages influents, les la Marck et Franz de Sickingen. — Malgré leur rivalité déjà avouée, François et Charles conservent des relations pacifiques; projet de mariage entre le Roi Catholique et la princesse Charlotte de France. — Mort de Maximilien Ier. — Cet événement remet tout en question. — Le roi de France brigue ouvertement la couronne impériale et confie cette importante négociation à des personnages considérables. — Marguerite d'Autriche veille sur les intérêts de son neveu. — Mission de Jean de Marnix en Allemagne. — Nouvelles alarmantes transmises par Maximilien de Berghes. — Instructions envoyées par le Roi Catholique. — Représentations de Marguerite d'Autriche et du conseil privé des Pays-Bas. — Négociations avec le duc de Gueldre pour le détacher de l'alliance française; elles échouent. — François Ier essaie, non sans succès, de regagner le comte palatin, le margrave de Brandebourg, son frère l'archevêque de Mayence et l'électeur de Cologne. — Marguerite d'Autriche et le conseil privé des Pays-Bas, très-alarmés, proposent de solliciter l'Empire en faveur de l'archiduc Ferdinand. — Mécontentement de Charles; il s'oppose formellement à cette combinaison. — Marguerite et le conseil privé s'excusent. — Démarches astucieuses de Henri VIII, afin d'obtenir pour lui-même la couronne impériale. — Les envoyés de Charles disputent de nouveau à François Ier les voix des électeurs qui se sont laissé regagner par les agents français. — Détails sur ces négociations et sur les transactions pécuniaires qui en sont le complément. — Mission remplie par Maximilien de Berghes en Suisse. — Politique de Léon X dans cette grande lutte. — Conférence des ambassadeurs du pape avec les quatre électeurs des bords du Rhin à Ober-Wesel; irritation des agents autrichiens. — Léon X ne désirait point un empereur aussi puissant que le roi de France ou le Roi Catholique; toutefois, il préférait encore ce dernier. — Henri VIII accrédite le docteur R. Pace en Allemagne. — Démarches directes du comte Henri de Nassau, principal ambassadeur du Roi Catholique, auprès des électeurs. — Nouvelles transactions avec les ambassadeurs de Charles, et avec ceux du roi de France. — Conférences de Montpellier. — Les électeurs se rendent à Francfort-sur-le-Mein. — Manifeste de Charles d'Autriche. — Protestation du duc de Gueldre contre la candidature de ce prince. — La corruption se glisse jusqu'au sein même de la diète. — Les troupes de la ligue de Souabe, soldées par le Roi Catholique, entourent Francfort. — Ouverture de la diète électorale. — Frédéric de Saxe, à qui la couronne impériale est d'abord offerte par l'instigation des agents français, décline cet honneur. — L'archevêque de Mayence soutient la candidature du Roi Catholique et l'archevêque de Trèves celle de François Ier. — Frédéric de Saxe, ayant appuyé le discours de l'archevêque de Mayence, tous les autres électeurs, sans excepter celui de Trèves, se rallient enfin à la candidature du Roi Catholique. — Il est proclamé, à l'unanimité, roi des Romains sous le nom de Charles-Quint. — Allégresse qui éclate dans les Pays-Bas. — Mortification et hypocrisie de R. Pace, qui se trouvait alors à Malines. — Charles-Quint, ayant reçu à Molin del Rey les envoyés des électeurs, déclare qu'il accepte la dignité qui lui a été déférée et qu'il se rendra incessamment en Allemagne. P. 102 à 151.

CONCLUSION.

Charles-Quint s'embarque pour les Pays-Bas. — Il arrive inopinément à Douvres au moment où Henri VIII se disposait à partir pour le continent, afin de s'y aboucher avec François Ier. — Portrait de Charles-Quint. — Il se rend au sein des états généraux réunis à Bruxelles; paroles affectueuses qu'il adresse aux représentants des Pays-Bas et éloge qu'il fait de Marguerite d'Autriche, sa tante. — Seconde entrevue de Henri VIII et de Charles-Quint à Gravelines et à Calais. — Préparatifs pour le couronnement de Charles à Aix-la-Chapelle. — Avant de partir pour l'Allemagne, il fait ses adieux aux états généraux réunis à Anvers. — Il traverse Liége et s'arrête quelques jours à Maestricht. — Ordonnance qui confère à Marguerite d'Autriche, avec des prérogatives plus hautes, la régence des Pays-Bas. — Le comte Henri de Nassau est nommé chef des gens de guerre. — Mesures prises afin de ne pas donner à François Ier un prétexte pour commencer la guerre. — Détails sur le couronnement de Charles-Quint à Aix-la-Chapelle. — Carrière glorieuse qui s'ouvre devant l'heureux descendant des maisons de Bourgogne et d'Autriche. Pages 152 à 165.

www.ingramcontent.com/pod-product-compliance
Ingram Content Group UK Ltd.
Pitfield, Milton Keynes, MK11 3LW, UK
UKHW021043200726
13857UKWH00003B/798